珠宝业绩倍增秘籍 I

钻石应该这样卖

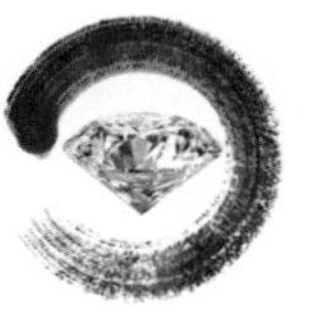

献给奋斗在珠宝店铺的精英们

谨以此书

哈伯逊商业研究小组 著

成都时代出版社

图书在版编目（CIP）数据

珠宝业绩倍增秘籍Ⅰ / 哈伯逊商业研究小组著．—成都：成都时代出版社，2014.3

ISBN 978-7-5464-1105-7

Ⅰ．①珠… Ⅱ．①哈… Ⅲ．①宝石－销售学 Ⅳ．①F768.7

中国版本图书馆CIP数据核字（2014）第028684号

珠宝业绩倍增秘籍Ⅰ

ZHUBAO YEJI BEIZENG MIJI Ⅰ

哈伯逊商业研究小组 著

出品人	段后雷
责任编辑	张 旭
责任校对	李 航
装帧设计	哈伯逊
责任印制	干燕飞
出版发行	成都时代出版社
电　　话	（028）86621237（编辑部） （028）86615250（发行部）
网　　址	www.chengdusd.com
印　　刷	深圳市生元印刷包装有限公司
规　　格	889mm×1194mm 1/32
印　　张	6
字　　数	171千
版　　次	2014年3月第1版
印　　次	2014年3月第1次印刷
印　　数	1-10000
书　　号	ISBN 978-7-5464-1105-7
本套定价	980.00元（共两册）

目录

哈伯逊商业研究小组介绍

丁龙桃

- 哈伯逊智业集团　总裁
- 哈伯逊人文教育基金创始人
- 国际注册企业教练（RCC）

丁龙桃教练多年来潜心于人文教育与珠宝企业连锁经营的钻研，融合行业特点与中西文化的精髓，率先将国际领域的人文技术及先进连锁管理模式引入珠宝行业，在珠宝行业全面导入人文思想、精细化管理模式、COACHING 教练技术、NLP 神经语言程式学等思想技术，不断提炼完善，并与实践相结合，构建成一套适用于珠宝企业的人才培养体系。

丁龙桃教练的足迹遍及全国 300 多个城市，深入国内各大中城市终端市场与店面调查、实践与体验，明察暗访上万家终端店面，分析总结提炼近百万字的成功与失败案例资料，不断归纳、提炼、总结出一套科学、实用、有效的管理模式及人文教育培训模式。工作之余，丁龙桃教练亦笔耕不辍，著有《真实的力量》、《其实你可以更优秀》、《中国珠宝导购员实战销售训练》、《精英店长是干出来的》、《店铺业绩突破行动手册》、《超导成长手册》、《未来属于谁》、《正能量 · 国学篇》、《梦想践行日志》、《顾客服务本》等书籍与音像出版物，另《珠宝企业生死出路》、《总裁重塑心灵》等书籍即将出版发行。

庞晓刚

- 中宝文化传播有限公司总经理
- 哈伯逊智业合伙人
- 金牌培训讲师
- 高级教练顾问
- 中国宝玉石鉴定师

庞晓刚老师现担任中宝文化传播有限公司总经理、金牌培训教练，拥有多年的终端销售管理经验，具有深厚的理论功底和丰富的实战经验，深度导入销售战术讲授，直接有效，结合案例演练激情幽默，强化互动体验，让学员通过切身体验和领悟主动学习，从而牢固掌握训练知识与技能要点。把理论教学与体验教学的结合点融入实战，让枯燥的教学变得轻松而易学。

庞老师曾为上百家珠宝店铺提供人员培训、销售指导、店铺管理等服务，解决店铺终端问题，赢得客户高度认可和一致好评。

赵加蓉

- 哈伯逊智业成都公司副总
- 哈伯逊智业合伙人
- 金牌培训讲师
- 高级教练顾问
- 实战销售专家
- NGTC宝石鉴定师

赵加蓉老师现担任哈伯逊连锁管理机构高级项目经理、哈伯逊事业合伙人，拥有 NGTC 宝石鉴定师资质，拥有十年珠宝终端销售管理经验，在行业内拥有实战销售专家美誉。赵老师专注研究终端销售业绩突破提升战术，实现店铺业绩超 100% 突破提升；从店铺业绩提升模式和情感化服务模式入手打造，让店铺在不经意间就轻松做到理想的销售效果。

从业期间，赵加蓉老师先后为上百家店铺提供培训咨询管理服务，以专业实战技能牵引管理，以情感性导入课程，善于调动服务对象理性与感性脉络，宣扬激情进取，同时又富有亲和力，赢得客户的一致肯定与好评。

詹晓航

- 哈伯逊智业合伙人
- 哈伯逊智业事业部经理
- 金牌培训讲师
- 高级教练顾问

詹晓航老师现任哈伯逊连锁管理机构高级项目经理，哈伯逊事业合伙人，是店铺销售管理的研究者、实践者和传播者。从终端基层的磨炼到公司管理层的修炼，沉淀了丰富有效的终端销售实战技能和管理经验。他致力于帮助珠宝店铺进行业绩提升，完善管理，从而推动店铺发展走向良性循环。其高度的敬业精神和丰富的店铺管理经验，获得各品牌客户的一致认同。

詹晓航老师足迹遍布全国各个地市，走过上百家店铺，为国内众多知名珠宝品牌进行过培训咨询服务，学员人数近万。在课堂上，他风趣幽默，妙语连珠，用理论与实际相结合的方式，让员工在轻松愉快的氛围中，掌握课程内容。

哈伯逊智业集团介绍

商业智库 事业平台
店铺托管 • 教育培训 • 管理咨询

哈伯逊智业集团成立于2010年，公司以“商业智库、事业平台”为核心战略，立足于解决零售企业的商业模式、管理模式与运作模式，推进珠宝企业的发展、转型与变革。

哈伯逊是“HAPASSION”的音译，HAPPY（快乐）与PASSION（激情）的缩写，“快乐激情、开放个性”是哈伯逊的核心文化理念。

哈伯逊率先在珠宝行业引入国际教练技术、NLP神经语言程式学、系统思考与精细化管理模式、“TOC”瓶颈管理理论、“港式”情感服务模式，并不断培育督导顾问、管理顾问、教练顾问、培训讲师、职业经理人、专家顾问等精英人才，致力于建立一个“自由、平等、公正、开放”的事业平台，通过旗下各大机构，为哈伯逊提供职业模式、事业模式、合伙模式、合作模式、投资模式等事业共享平台。

哈伯逊智业集团旗下机构有哈伯逊商业研究院、哈伯逊连锁管理机构、中国珠宝学习网、哈伯逊人文教育基金。

一、哈伯逊商业研究院

哈伯逊商业研究院是哈伯逊智业集团的高端智库，聚集各商业领域、学术机构及大学的顶尖专家、教授及权威人士，专注于商业思想、理念、模式与技术的研究，包括商业变革、商业模式、投融资模式、业绩模式、服务模式、人才培育模式等项目研究。

二、哈伯逊连锁管理机构

哈伯逊连锁管理机构
HAPASSION CHAIN MANAGEMENT INSTITUTION

哈伯逊连锁管理机构是哈伯逊智业集团的全资子品牌，主要从事零售店铺托管、零售样板店打造、连锁管理模式构建、人才培育模式打造等服务项目。

零售店铺托管主要围绕哈伯逊“业绩突破模式、情感服务模式与店铺管理模式”的三大模式开展工作，支持零售店铺业绩、服务与管理等得到提升。零售样板店打造主要是为大型连锁企业提供打造样板店、设计标准、构建体系、培育人才、复制标准等服务。

三、中国珠宝学习网

zb 187 www.zb187.com
中国珠宝学习网

中国珠宝学习网是珠宝业最大的第三方培训服务平台，主要为培训老师提供专业、贴心的服务，包括讲师培养指导、讲师宣传推广、课程推广安排及课程会务统筹等服务，同时为珠宝企业提供管家式的培训服务。在中国珠宝学习网，您可以全面了解到珠宝行业的优秀讲师、培训课程与课程排期等的详细信息。

四、哈伯逊人文教育基金

Hapassion Humanistic Education fund
哈伯逊人文教育基金

哈伯逊从成立之初就发起了“蓝丝带公益行动”，后升级为哈伯逊人文教育基金，主要从事人文教育慈善工作，主要项目有为中学捐赠人文图书或建人文图书馆，为大学作人文公益演讲。

最小体积，最大价值

绪 言

在利润额下滑的大市场背景下，如何提升有效利润额，成为了许多企业家们关心的话题。在2013年的抢金潮中，“中国大妈”已然成为这个社会主流抢金潮的代名词。为什么大妈们抢购黄金，而非抢购珠宝呢？答案就在于黄金在中国有着根深蒂固的认知度，虽然真正作为首饰佩戴来说，它并非是首选材质。由此也就告诉我们一个道理：要提升有效利润额，就在于我们怎么去“引导”顾客消费，而不是对顾客进行“诱导”消费，两者截然不同。在讲到引导消费，就和我们的观念意识密不可分了，因为在传统观念里黄金的消费已经根深蒂固，要改变现有的观念并非一朝一夕的事情，作为朝阳行业，如何引领消费热潮，走在时尚前沿，不得不让我们深思。提高有效利润额、引领时尚只有靠我们每位同仁去努力。

我们今天讲的《珠宝业绩倍增秘籍》是引用的成为专业钻石销售顾问课程的主题。有人在这里要问了，我们怎么样才能成为专业的钻石销售顾问？在市场经济主题下的珠宝行业、黄金市场受到大幅震荡的今天，我们的珠宝产业是否能够稳步向前发展而不受到国际金价的影响呢？据我们了解，在整个市场主题中，人们对于珠宝的认知和了解非常肤浅，相反对于黄金的销售依赖是非常明显的，所以就产生一种现象，就是在金价大幅震荡的时候，中国大妈去抢购了黄金。但是在黄金市场再次震荡的时候，中国大妈不再青睐黄金市场的时候，珠宝市场是否真正站起来来承载整个珠宝消费市场？我想这是一个值得全行业去探究的问题！振兴珠宝行业需要我们大家的一同努力。

钻石应该这样卖

我们今天讲的《钻石应该这样卖》是引用的成为专业钻石销售顾问课程的主题。有人在这里要问了，我们怎么样才能成为专业的钻石销售顾问？

■ 问题一：什么是顾问？

顾问是一个职位，泛指在某件事情的认知上达到专家程度的人，他们可以提供顾问服务。例如首饰顾问、品牌顾问、法律顾问、政治顾问、投资顾问等。

■ 问题二：什么是专业？

专业是指在某一个领域擅长的技能。

作为一线的终端钻石销售人员，要会将“成为专业的钻石销售顾问”，拆分为专业、钻石、销售、顾问的词组，并且能一目了然。

要成为专业的钻石销售顾问，您觉得哪些方面是最重要的？专业知识？销售经验？或许每个人的回答都不尽相同，我个人认为顾问是非常最重要的。

那么，专业知识和专业顾问这两个又有什么区别？有人说专业知识是属于自己的，用尽属于自己的专业知识，最后才能成为顾客的专业顾问。每个人对于专业知识和专业顾问的理解同样不尽相同，但是我们从事的是高端珠宝销售，所以我们的思想必须统一。

作为珠宝从业人员，我们希望自己的专业知识能够运用到终端销售中去，真正能够为顾客挑选到合适的商品，真正做到让顾客高兴而来满意而归，因此，可想而知顾问的地位是举足轻重的。当然，在其他行业中，顾问也很多。

所以，专业的钻石销售顾问，不是顾客想买什么，而我们的宗旨是帮助顾客挑选到适合顾客的商品。

问题三：顾客货比三家，凭什么在你家买？

现代市场经济中经常出现的一个词就是“竞争”，尤其是现在的商场招商中，引入大量的珠宝商进行扩大规模经营，珠宝店铺就像雨后春笋一般快速开设，特别是专卖店，从少变多，从小变大，现在往珠宝市场放眼望去，1000 平方米的珠宝卖场大把存在，这就意味着很多中小品牌会在接下来的竞争中不知不觉消亡。

竞争，在珠宝终端一线分为商场内的竞争与专卖店之间的竞争，两者整体来说相差无几。

第一幅图，整个商场 3500 平方米，有 27 家店，每隔 3 米就一个品牌，几乎涵盖内地的所有品牌，这样的竞争非常激烈。店铺位置有好的也有偏的，位置好的就感觉占据优势，在显眼的地方，可以一眼看到进来的顾客；位置不好的就会经常抱怨，什么时候顾客进来啊，什么时候到我这里啊，我什么时候才能开单呢？

那顾客在这么多品牌可以选择的今天，他为什么要来我们的店铺消费呢？

Why? **品牌优势** **产品优势** **价格优势** **服务优势**	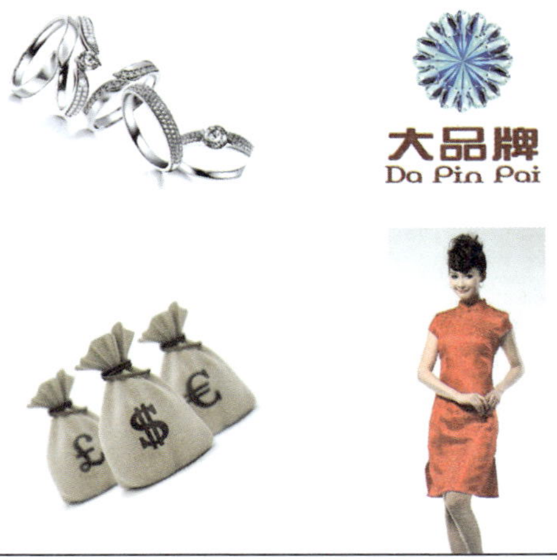

■ 品牌优势

如果你的品牌不是在国际上赫赫有名的大牌，那就要付出比别人更多的努力，你的品牌要想在国际上有成就和地位，那就要靠我们不懈的努力了。

■ 产品优势

在全国货品同质化非常严重的今天，如果你没有独特的设计理念和产品包装，你的产品不能够说有绝对优势。

■ 价格优势

我想说的是，打价格战是我们各个企业最不想看到的，但是在产品定价上，如果你已经取得先机，希望你能保持！

■ 服务优势

我们的服务态度好，但其他家现在也差不到哪里去了。在市场上有店铺终身调换，而且不限次数面向全国，异地也可以调换，因此这条也不能完全是优势。

在各个方面都非常同质化的今天，我们的企业要想在竞争中立于不败之地，首要学会的就是在现代市场经济中学会竞争，因为竞争可以让你的企业更加的有活力，可以让你的企业不停地学习，不至于止步不前，可以让你明白优胜劣汰、弱肉强食的生存之道。

有些企业一遇到竞争对手就感觉是世界末日了，感觉竞争对手什么都好，人员也比自己的强，货品也比自己的好，装修也比自己的新，资金也比自己要强……如果处处都认为别人好，不去进步学习和提升的话，我想你很快就在竞争中消亡了，因为你已经自己放弃自己了。

■ 我们在竞争中要记得下面两句话：

不怕竞争，就怕不会竞争。

不怕顾客货比三家，就怕不专业。

■ 问题：你专业吗?

首先，问问自己，我专业吗？在我们一线终端销售中，一站出去就代表了专业，专业的自己，专业的品牌，你的言行举止就代表了专业。

其次，要有亲和力，笑字为先。

再次，是专业领域，包括专业知识。

一线珠宝销售人员，我们接触的是珠宝，是一个非常高端大气上档次的产品，不管是女士和男士都要将自己的亲和力展现出来，让人感觉你非常自信，非常有活力，因为毕竟做珠宝的不管男士还是女士都非常的年轻，年轻人就要有年轻人的样子；而不是看上去没精打采，好像客户欠了你很多钱一样。如果你上班时像行尸走肉的话，我就建议你最好在家调整好了再上班或者你根本就不适合工作。

站姿，当我们站在柜台前的时候，代表的是公司的形象，展现的是我们的专业，我们可以用顶矿泉水瓶子训练站姿，把自己的身形站姿练得非常的得体，让我们的站姿和形体显得更加专业。

刚开始练习的时候你会发现脖子酸痛，而且头顶感觉有水瓶压得很不舒服，但是一段时间练习之后，你会发现虽然顶着水瓶但已经感觉不到水瓶了，这就是顶水瓶的最高境界，已经让自己有水平了。

注意事项

以下掌握专业知识的情况都属于不合格：

（1）专业知识学得不深

很多时候，销售人员能了解钻石的 4C（颜色、净度、切工、重量），但是专业知识学得不深。比如有顾客问：你们的钻石都不闪？很多导购员就不知道怎么回答。因此，我们可以制作专业知识小册子，定期组织专业知识学习并抽查，没事情做的时候可以相互分享。

（2）专业知识不会活学活用

比如钻石 4C 净度在实战销售中的运用。如下例。

顾：只有 VVS 是好的，其他都不好，没有人要的？

导：看来您对钻石还是有一定了解的。

顾：还行吧。

导：其实钻石 VVS 或是 SI，两个级别虽然说有些不一样，但是我们肉眼根本就无法辨别出来，要用 10 倍放大镜看，对于性价比来说，我们做销售这么多年，觉得 SI 是非常不错的选择，我拿款给您看一下。

（顾客感觉非常舒服，转移了话题，关键是活学活用。）

（3）不懂得用专业知识表现专业的感觉

这方面，首先销售人员自己一定要懂专业，如果用生疏的方法引导顾客看钻石净度，效果就会适得其反。“先生把戒指拿正，两点钟方向，您看！”这就突显导购专业水平。

我们可以在顾客能够理解的前提下使用专业术语，这样就给顾客非常专业的感觉。

（4）不懂灵活销售

在销售过程中，销售人员要对每个款式的特点非常熟悉，比如爪镶代表的寓意，三爪镶代表我爱你，四爪镶代表一生一世，六爪镶代表爱你一生一世之类，都要了如指掌。

现实生活中，我们可以举办专业知识考核和专业知识抢答赛。在与哈伯逊合作的辽宁东港一家珠宝店每个周六的早会后开展知识抢答，店里会准备一些小礼品，激励大家积极参与。不要小看每周的小竞赛，让大家保持良好的状态，它可起了不小的作用呢！

一、钻石基本特征

二、玩转钻石4C

一、钻石基本特征

1. 钻石的性质

① **中文名称：**金刚石

② **英文名称：**Diamond

③ **摩氏硬度：**10级

④ **化学成分：**碳/C

⑤ **物理性能：**是天然矿物中的最高硬度，其脆性也相当高。源于古希腊语Adamant，意思是坚硬不可侵犯的物质，是公认的宝石之王。

⑥ **常见外形：**圆形、椭圆形、榄尖形、心形、梨形、方形、三角形及祖母绿形。圆钻，是最常见的形状。

⑦ **折射率：**2.417（高）

⑧ **密度：**3.52g/cm^3。

⑨ **色散值：**0.044（天然宝石中最强）

⑩ **质量单位：**克拉

⑪ **主要产地：**钻石的主要产地是澳大利亚、博茨瓦纳、加拿大、津巴布韦、纳米比亚、南非、巴西、西伯利亚；世界主要的钻石切磨中心有：比利时安特卫普，以色列特拉维夫，美国纽约，印度孟买。安特卫普有“世界钻石之都”的美誉，全世界钻石交易有一半左右在这里完成，“安特卫普切工”是钻石完美切工的代名词。

钻石是自然界最硬的矿物，它的摩氏硬度为 10。实际上在摩氏硬度表中，9 级与 10 级的级差是最大的，10 级的钻石硬度是 9 级刚玉硬度的 150 倍，是 7 级石英硬度的 1000 倍。

① 钻石具有高导热性。

② 对于无色透明宝石而言，只有钻石和莫桑石会发出鸣叫，其他宝石无反应。

③ 钻石热膨胀性低，温度突然变化对钻石影响很小。

④ 钻石的发光性。

a. 荧光：在长波紫外光照射下呈蓝白色、绿色、黄色和粉红色或无色荧光，有时有磷光。在X射线照射下发浅蓝色荧光。

b. 钻石：荧光强弱、颜色具有不均一性，对群镶钻石有鉴别意义。

c. 仿钻：荧光较均匀，如合成尖晶石，显蓝白色荧光。

如果在给顾客介绍的时候，能非常娴熟地把相关数字跟顾客说出来，用数据说话，就显得非常的专业。在销售过程中，导购要用到热导仪，所以，每个店都应该准备好而且要娴熟使用。

2. 钻石成品肉眼鉴别

2.1 火彩

钻石成品肉眼的鉴别，火彩比较璀璨，因为钻石的折射率比较高，有火彩，在所有天然无色、透明宝石中是最高的。

2.2 亲油性

钻石有亲油性，油滴在钻石的表面会逐步地散开，但这不是唯一的鉴别方法，只是经验。

2.3 托水实验

（图一）

托水的实验方法，钻石有亲油性和疏水性的特性，水滴滴在钻石上，不会散开，如（图一）滴在叶子上面的小水珠一样不会散开。但是我们要注意一些仿钻制品，如合成立方氧化锆（CZ）、人造钇铝榴石（YAG）、锆石等以及宝石表面出现油污也会具有疏水性。

2.4线条实验

画线条辨别钻石的方法，放一张划有线条的白纸，将钻石台面朝下放于纸上，垂直观察，钻石部位见不到线条。如图（三）是合成的立方氧化锆，能够看到每一条线。如图（四）左边的两颗立方氧化锆能够看到线从里面穿过；但是右边的钻石是一团黑的，看不到线，这是最明显的一个区别。但是，这种方法只能针对裸钻。

对于镶嵌的钻石，我们平时应该用测光仪鉴别，也可以用10倍放大镜仔细观察。

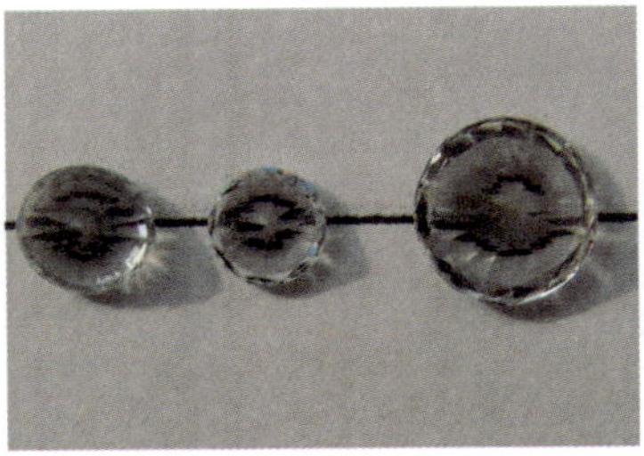

立方氧化锆（图三）

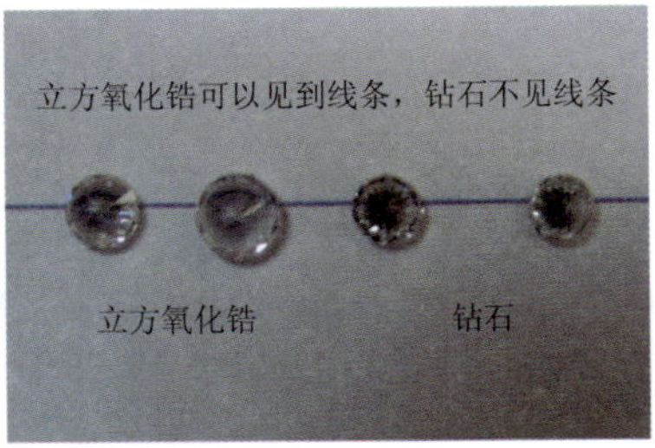

（图四）

话术精选

① 钻石是世界上最为稀有的宝石，平均要开采250吨矿石才能得到一粒一克拉重的宝石级钻石，非常珍贵。

② 远在天地初开的时候，钻石便已在地球深部诞生了，大部分钻石形成于30亿年前，相当于地球年龄的2/3。

③ 一颗钻石从开采、分选、加工、分级、销售、到购买者手中，约涉及200万人，再加上钻石漫长的形成过程和其发现的艰难，天然钻石的无比珍贵也就不难理解。

④ 钻石最早发现于印度，在公元前800年就有使用钻石的记录，同时印度也是最早开始切磨钻石的地方，是世界四大钻石切磨中心之一。

⑤ 柱镶的钻石非常牢固，仅仅几个小柱，并不能挡住光的透射，透光性好了，自然钻石就显得明亮了，柱镶的钻石看起来特别显眼，让您戴出来很体面。

⑥ 包镶是一种非常古老的镶嵌方法，包镶使钻石与金属融为一体，整体感强，包镶的钻石非常安全。

⑦ 组合镶体现出钻石华丽与高贵，将钻石的时尚与魅力结合在一起，在佩戴的时候让您自信超凡。

⑧ 单单一颗钻石的火彩就十分璀璨，当一群钻石镶嵌一起时就光泽倍增，让您有赏心悦目的感觉。

⑨ 主钻配两颗小钻代表两情相悦。

⑩ 主钻配四颗小钻代表生生世世。

⑪ 主钻配六颗小钻代表事事顺利。

⑫ 主钻配八颗小钻代表爱情事业双丰收。

⑬ 主钻配十颗小钻代表事事如意。

⑭ 主钻配十六颗小钻代表白头偕老。

⑮ 主钻配三十二颗小钻代表永恒的约定。

二、玩转钻石4C

评定一颗钻石取决于钻石的 4C 标准，钻石的 4C 即钻石评定标准。它包括钻石的颜色、净度、切工、重量。

钻石4C

颜色，钻石的肤色！
净度，钻石的胎记！
切工，钻石的火彩！
重量，爱情的分量！

1. 玩转钻石4C——颜色

颜色是指钻石的颜色级别，钻石的颜色由最罕见的完全无色至黄、褐色，这是 4C 中用肉眼比较直观能看到的特点。

4C 标准的颜色，即钻石的肤色，有的钻石很黄，有些钻石偏红，有些偏白，这都是钻石本身的肤色。

1.1 颜色级别

D ~ E 色：它是钻石中的顶级颜色，非常稀少，能象征您的爱情纯洁唯一，给您的爱情送去美好的祝福。

F ~ G 色：它的颜色非常好，洁白、透明，是钻石中的中高档色泽，它是纯洁无瑕的爱情的象征，这枚钻石一定会给您的婚姻送去美好的祝福。

H 色：属于接近无色的级别，H 色的色泽不会像 I ~ J 色或 K 色的略显微黄，反而是属于明亮的无色级别。它不但提亮了您的肤色，而且更能突出您高贵典雅的气质。

I ~ J 色：这个颜色级别接近无色，是看不出带有黄色调的。欧美人推崇白色，因为她们属于白种人，白色更加适合他们。而中国人属于黄种人，I ~ J 色的钻石，不会像 D 色戴上去显得突兀，反而与肤色更加的契合。它佩戴起来就像您身体不可舍弃的部分。

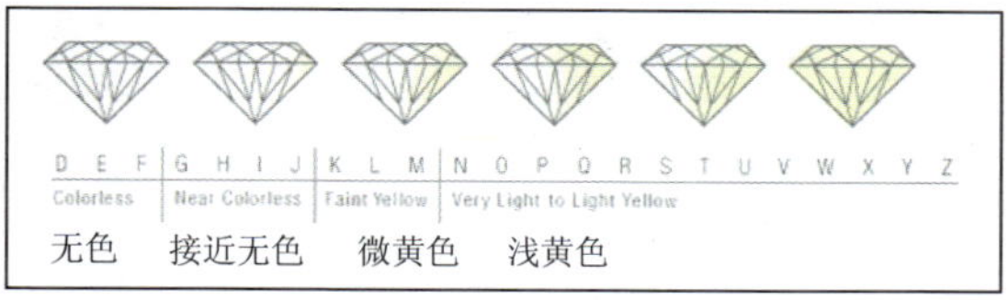

钻石趣闻

钻石颜色用 D 色表示。为什么是从 D 开始，而不是 A 或者是 B 呢？因为钻石的英文是 Diamond，目前，我们所开采的最好的钻石，都定成为 D 的颜色，因为以后我们开采出来的钻石有可能比 D 色更加透白，所以虚位以待，就将 C、B、A 级别先预留，是给以后可能出现这种情况做准备的。

1.2 比色石

钻石颜色分级是采用比色石，来进行等级划分。

如图是比色石。钻石的颜色分级可以通过肉眼在比色灯下进行比较判定，而不通过放大镜。如图是白色一直到比较黄的颜色排列，通过比色石进行比较，从透明无色，接近无色，一直到淡黄色。

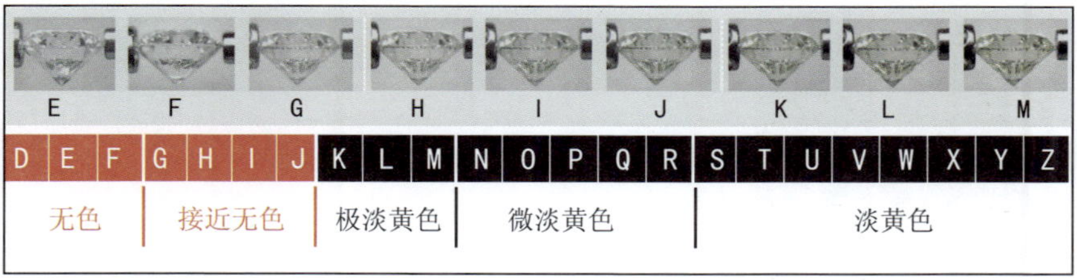

（比色石）

1.3名钻欣赏

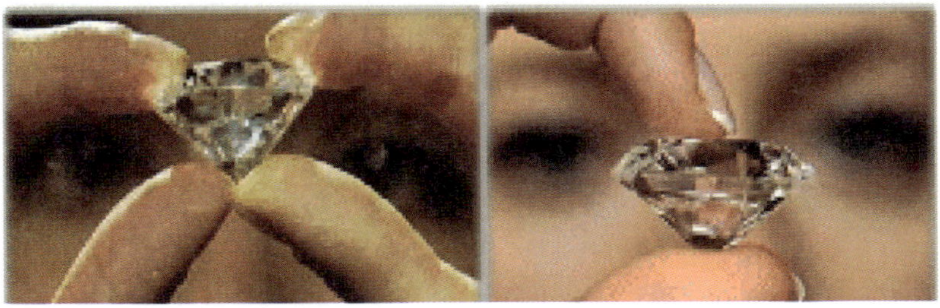

如图是英国伦敦索思比拍卖行展示的103.8克拉的极品D级钻石，而且价格是几年前的数据，大概是一千万美元，现在价格一定更高。另外一颗是佳士得拍卖行5.03克拉的钻石，世间也非常稀有。

De Young Red

5.03克拉，世界第三大红钻，1927年发现于南非，藏于斯密逊博物馆（美国国家自然历史博物馆）。

Moussaieff Red

5.11克拉，目前世界上最大的加工好的红色钻石。

如图是一颗非常漂亮的蓝色钻石，又名蓝色的心，30.82克拉，在斯密逊博物馆收藏。

1743 年在印度发现一颗绿色的钻石，40.70 克拉，藏于德雷斯顿的阿尔伯提纳姆博物馆。在现实中，我们终端店面 3 克拉已经属于很大的钻石。

左图是一条香槟色的钻石项链，非常稀有，项链上面全是香槟色的钻石，要找到香槟色钻石本就非常困难。它是由 109 颗香槟色钻石组成的项链，吊坠是一颗 67.89 克拉的香槟色钻石，现在被斯密逊博物馆收藏。

右图是蒂芙尼传奇黄钻，128.51 克拉，由蒂芙尼珠宝公司收藏。

2. 玩转钻石4C——净度

2.1 净度级别

分为LC、VVS、VS、SI、P五个大级别，又细分为LC、VVS1、VVS2、VS1、VS2、SI1、SI2、P1、P2、P3十个小级别。

2.2 净度级别的划分规则

LC级

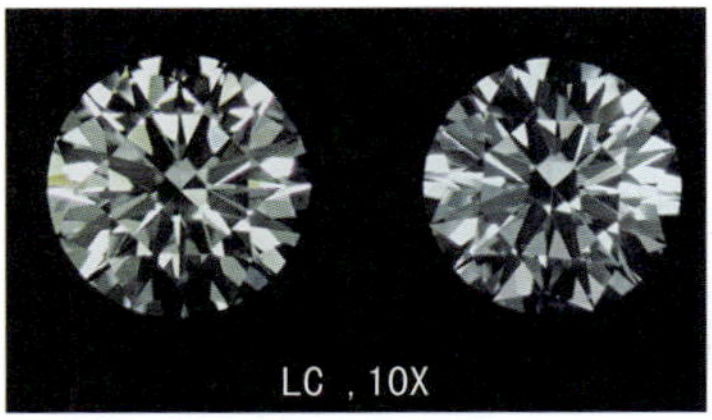

在10倍放大镜下，未见钻石具内外部特征。下列情况仍属LC级：

A. 额外刻面位于亭部，冠部不可见。

B. 原始晶面位于腰围内，不影响腰部的对称，冠部不可见。

C. 内部生长线无反射现象，不影响透明度。

D. 钻石内、外部有极轻微的特征，经轻微抛光后可去除。

E. 上述情况对以下级别划分不产生影响。

VVS级

在10倍放大镜下，钻石具极微小的内、外部特征，细分为 VVS_1、VVS_2。

A. 钻石具有极微小的内、外部特征，10倍放大镜下极难观察，定为 VVS_1 级。

B. 钻石具有极微小的内、外部特征，10倍放大镜下很难观察，定为 VVS_2 级。

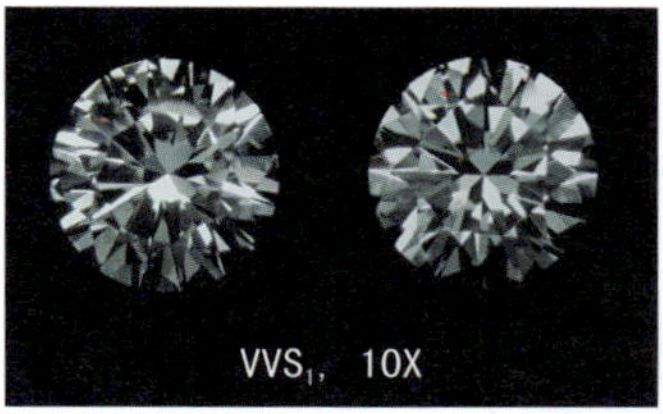

VS级

在 10 倍放大镜下，钻石具细小的内、外部特征，细分为 VS_1、VS2。

A. 钻石具细小的内、外部特征，10 倍放大镜下难以观察，定为 VS_1 级。

B. 钻石具细小的内、外部特征，10 倍放大镜下比较容易观察，定为 VS_2 级。

SI级

在 10 倍放大镜下，钻石具明显的内、外部特征，细分为 SI_1、SI_2。

A. 钻石具明显的内、外部特征，10 倍放大镜下容易观察，定为 SI_1 级。

B. 钻石具明显的内、外部特征，10 倍放大镜下很容易观察，定为 SI_2 级。

■ P级

从冠部观察，肉眼可见钻石具内、外部特征，细分为 P_1、P_2、P_3。

A. 钻石具明显的内、外部特征，肉眼可见，定为 P_1。

B. 钻石具很明显的内、外部特征，肉眼易见，定为 P_2。

C. 钻石具极明显的内、外部特征，肉眼极易见，定为 P_3。

2.3 分级要求

■ 2.3.1 环境要求

在 10 倍放大镜下分级，采用比色灯照明。

■ 2.3.2 人员要求

从事净度分级的技术人员应受过专门的技能培训，掌握正确的操作方法。由 2 ~ 3 名技术人员独立完成同一样品的净度分级，并取得统一结果。

经典案例解析：如何销售VVS净度钻石

一位单身男士来选首饰，他在我们店看中了一款 VVS 级的钻石男戒，但是他在另外一个店看中了一款 SI 级的钻石男戒，不知道选哪款好，如果此时你接待了，该如何推销 VVS 级的钻石男戒？

导购回答：

先生，买东西谁不希望买到好的，这款戒指的钻石净度是 VVS 的，很明显 VVS 的钻石已经近乎完美，级别非常不错，而且用专业的仪器才能看出其内含物的，我想先生您想选一款证明自己身份的钻戒也应该考虑了蛮久，这么多钱都花了，为什么不给自己选一款完美的呢，这样每天看着自己心爱的钻戒，心情会非常愉悦的。

有句话说的很好，“男人三件宝，钻戒少不了”。既然已经选择要买了，为什么不选个好的呢？就像您准备想购车，既然准备要花这么多钱，为什么不选择一个高配或是顶配的呢？虽然外人看不出来，但是坐在里面驾驶的人或者坐过您车的人感觉肯定是不一样的。买首饰和买车其实道理不都是相通的嘛，连我们自己戴都是选 VVS 的呢。

VVS 的寓意又是“very 、very、shuai（帅）”，其实就是暗中告诉自己，戴这款戒指很帅。

先生要不就帮您拿这一款好吗？

经典案例解析：如何销售SI净度钻石

一位单身男士来选首饰，他在我们店看中了一款 SI 级的钻石男戒，但是他在另外一个店看中了一款 VVS 级的钻石男戒，不知道选哪款好，如果此时你接待了，该如何推销 SI 级的钻石男戒？

导购回答：

先生，选钻戒也是有讲究的，每个人都想买个级别高的，比如像 VVS 这样的，但是当我们接触多了就不一样了，我觉得选钻戒第一就要选合适自己的款式，第二就要选性价比比较高的款式，这两个是您一定要考虑到的因素。

就拿净度来说，不管是任何天然的东西都是有杂质的，天然钻石的叫内含物（包裹体），通常都是用专业的仪器才看得到的，仅凭肉眼，是无法看出来的，除非它净度太差了，这样的钻石您也不会去选择的，您说对吧？其实讲到内含物，也就是净度 SI 和 VVS 的区别，也就是一个多了那么一点点，一个少了那么一点点，肉眼是无法鉴别的。

再者说，钻石的内含物是 30 亿年前在钻石形成的时候就留下来的，它就像钻石的胎记，与生俱来，这些内含物的年龄跟钻石一样，都有几十亿年的历史。正是因为有了独一无二的特征，更好地说明了一颗钻石的天然性。

另外一个就是要谈谈性价比了，比如说您花一万块钱买 VVS 的钻石只能买到 20 分的，但是您买 SI 的话就可以买到 30 分的，花同样的钱，钻石却大了一半。钻石同样是男人身份的象征，您说您出去戴个 30 分的感觉和 20 分感觉，那差老远了，但是价格却是一样的，这个道理我想不用说，您也明白吧！

或者这样说，买一颗20分VVS的钻石要1万多元，但是买一颗SI的钻石要五千元，这样您就可以省去五千元，再买一款钻石吊坠送女朋友，花一样的钱可以买回去两样，这何乐而不为呢？您知道省钱就是赚钱。省五千块就是可以买一台手提电脑。现在还有旅行社去新马泰旅游一趟才三四千块，您说买一个SI的钻石是不是一个明智的选择呢？

再说，SI的钻石，戴在手上用肉眼是完全看不到任何的内含物的，比如，我现在拿一颗给您看看，您就知道了（有需要的话就可以找一颗给顾客看看），这就是为什么说买SI的钻石是一个非常明智的选择了。

我们说SI级别的是完全不影响佩戴的，要在10倍放大镜下可见内含物，用肉眼是无法观察的，您如果选择了这个级别的钻石，谁又会拿个仪器在你手上看来看去呢？您说对吧！

点评

我们在销售的过程中一定要记住一个原则，就是卖什么说什么重要，但是在我们自己的款式上要根据顾客的喜欢进行选择性推荐，千万不要自相矛盾，拿我们的矛去戳我们的盾，如果自相矛盾了，那就是“坦克”。

根据顾客的特点，我们在说话的时候可以加入自己的感情色彩，如果你真的是站在顾客的角度帮助顾客挑选首饰，就切记一句话：

“真心服务，以诚相待。”

3. 玩转钻石4C——切工

切工，钻石的火彩！切工赋予了钻石第二次生命。

优质钻石切工，可以让钻石发出璀璨光芒，好的切工能把钻石的火彩和价值提高数倍。

3.1 切割之父

圆钻形切工即理想式切工，也称“托尔科夫斯基工”。切割之父是波兰数学家马歇尔 • 托尔科夫斯基（1899 ~ 1991）于 1919 年首先计算出理论上让钻石反射最大量光线的切割方程式。

3.2 钻石形状与切割

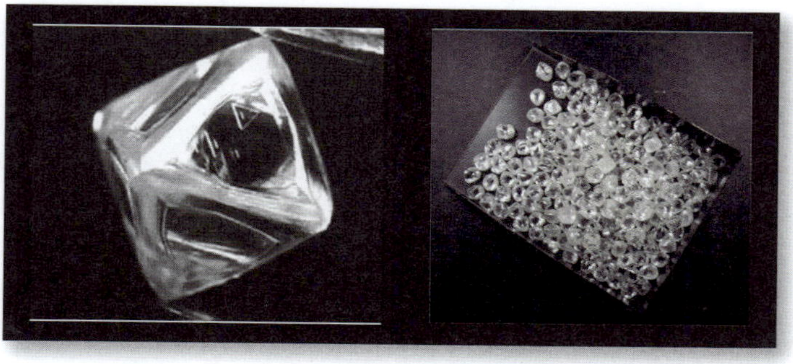

对钻石毛坯进行切割，如图（一）所示是从原始的一个原晶体到设计、画线、分割、研磨、抛光的一个过程。

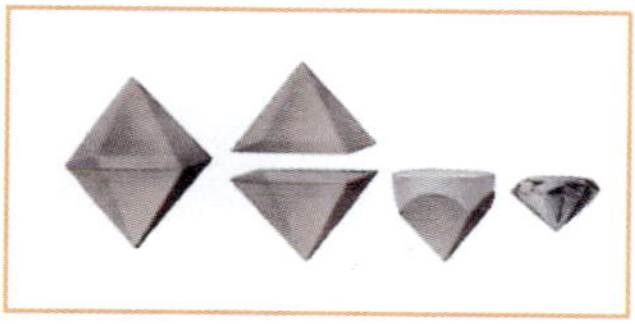

（图一）

3.3 钻石结构

如图是钻石的结构图，包括台面、冠部、腰部和亭部。虽然在实际的销售过程中，这些知识不一定要和顾客一一讲明，但是我们作为专业的销售顾问，自己要非常清楚这些钻石知识。

钻石顶端是台面。钻石的底面，或叫底尖，有 57 到 58 个面。腰围，钻石的腰是有厚度的，它的厚度是不一样的，有些钻石薄，有些钻石厚；钻石腰部有刻面腰、抛光腰。钻石冠部是从腰部至台面的部分，这是冠部的一个高度。亭部就是从钻石腰部到底尖的这部分。冠部、腰部、亭部这是钻石的三大部分。

钻石结构剖析一

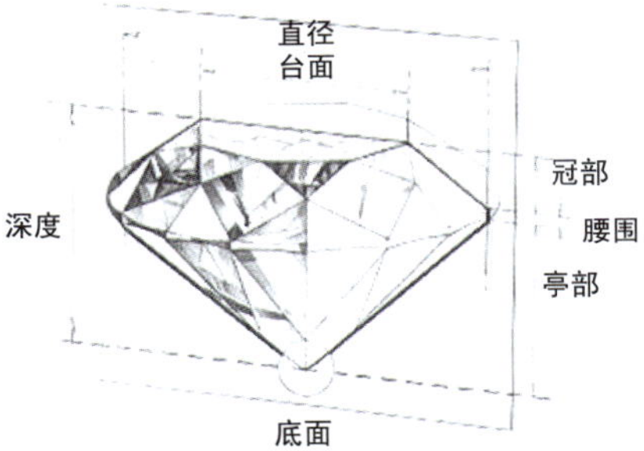

图示是每一个切面的名称，首先台面是八边形。靠近台面的就是星小面；腰部上面的是上腰小面；上腰小面上面的是冠主面，也叫风筝面；腰部下面的四边形就是亭部主刻面。下腰小面和上腰小面都是三角形，亭主面和冠主面都是四边形。

钻石结构剖析二

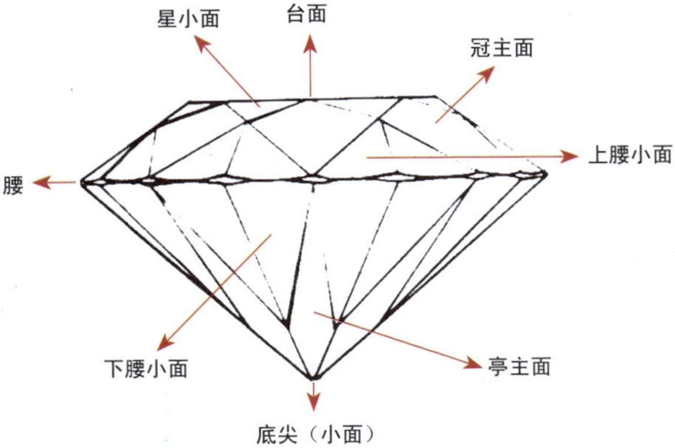

一般图形的冠主面有 8 个面，星小面有 8 个。标准圆钻形的切工有一个台面，8 个星小面，冠部主刻面 8 个，上腰面 16 个，这加起来 33 个；亭主面有 8 个，下腰面 16 个，加起来 24 个；如果再加上底面，就是 57 到 58 个面。

标准圆钻形切工

圆钻形

57（ 58 ）个刻面
冠部：33
上腰面：16
冠部主刻面：8
星刻面：8
台面：1
亭部：24（ 25 ）
下腰面：16
亭部主刻面：8
亭尖刻面：1

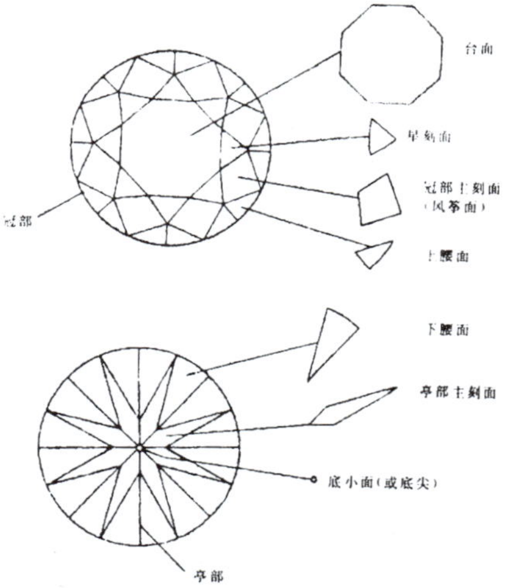

3.4 世界四大切磨中心

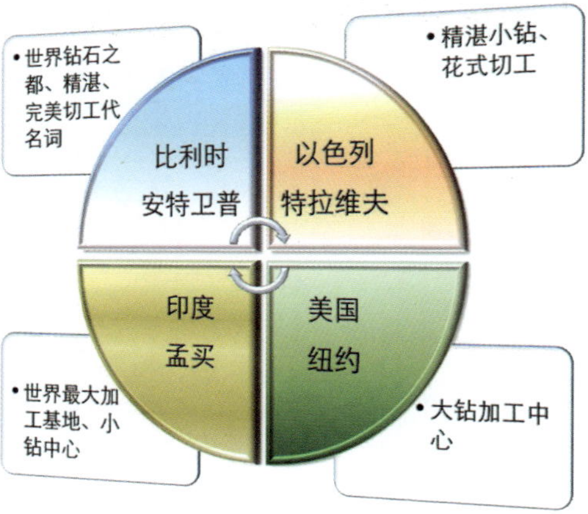

① 比利时安特卫普（精品钻石加工中心）：有“世界钻石之都”的美誉，全世界 50% 以上的钻石交易在这里进行，一颗钻石如标有“安特卫普切工”，即是完美切工的代名词。

② 以色列特拉维夫（精品小钻加工中心）：优良的花式切割及新式切割钻石的主要供应地。

③ 美国纽约（大颗粒钻石加工中心）：纽约曼哈顿 47 街第五、第六大道之间是闻名全球的钻石街，以前只加工 3 克拉以上的大钻，目前扩大为 2 克拉以上。

④ 印度孟买（小颗粒钻石加工中心）：以加工小钻为主，平均每年加工 10 亿颗以上。

3.5 八心八箭

八心八箭钻石很多，店铺员工不能因为顾客来买钻石很少问到八心八箭，就完全不做功课。如果顾客之前就有所了解，或者在别的店有其他品牌导购介绍的时候说到八心八箭，而你一问三不知，势必会影响销售。

图示是一个比较完美的效果图。它的每个心的饱满度和对称性，微细的这个间隙，包括这个箭头、箭身，都非常清晰可见。证书上的八心八箭都会标明。

■ 八心八箭特点

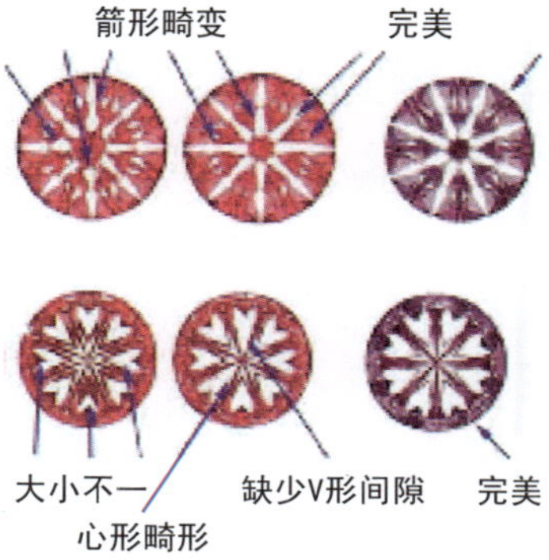

八心八箭的钻石有如下的特点：

① 极好的亮度；

② 极好的火彩；

③ 极好的光学对称性；

④ 极大地光学直径；

⑤ 完美清晰的星形图案。

图示是不太完美的八心八箭的图案，这些心形不是很完美，有些变形，有些扁一些，有些饱满一些。但是顾客不一定能看出来，这就看我们怎么去引导顾客。

我们在跟顾客介绍的时候，重点是一个切工比例。如下图第一颗钻石底部比较浅，形成漏光现象；中间钻石处于比较理想的状态，光照射进来之后从台面反射出来；最后一颗钻石底部太深，光从侧面反射出去了。

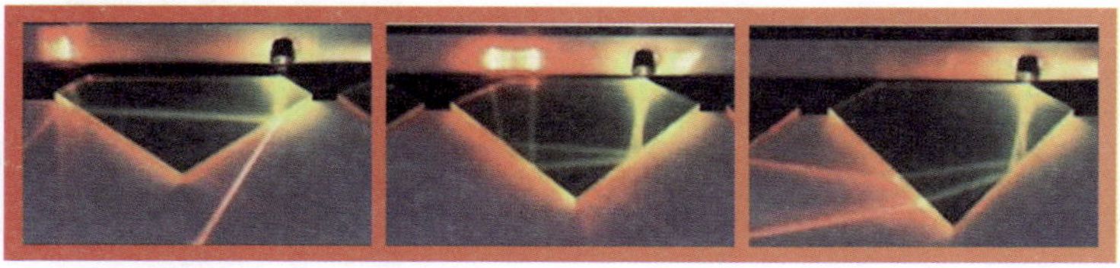

3.6 3EX 切工

■ 3EX切工指标：

① 抛光度。

② 对称性。

③ 比例。

■ 抛光度

指光线在钻石不平整的表面上产生漫反射，描述了钻石表面的光滑度。抛光的特点是位于表面，没有明显的渗入，使用 10 倍放大镜观察。抛光在分级标准上分为 excellent（EX）、very good（VG）、good（G）、fair（F）、poor（P）。 抛光度严重时不仅会极大地减弱钻石的明亮度，而且还会影响钻石的透明度。抛光质量主要与钻石的切磨工艺、切磨师的技术与精心程度相关。

■ 对称性

钻石切割打磨后获得的各部分的围绕中心点的水平对称，即切面排列及相互的角度。与比例一样同为评价钻石工艺的重要指标。如果一颗钻石的车工及比例均属优良，对称的切割会令闪光及火彩更加强烈。对称性在分级标准上分为 excellent（EX）、very good（VG）、good（G）、fair（F）、poor（P）。

■ 比例

经验丰富的技师在将钻石原料转变成经打磨的钻石的过程中所切割的角度和比例。包括台宽比、冠高比、腰厚比、亭深比、底尖比、全深比、冠部角、亭部角、直径、高，等等。其等级从好到次依次为 excellent（EX）、very good（VG）、good（G）、fair（F）、poor（P）。

级别

级别 测量项目	一般	好	很好	好	一般
台宽比	≤50.0	51.0～52.0	53.0～66.0	67.0～70.0	≥71.0
冠高比	≤8.5	9.0～10.5	11.0～16.0	16.5～18.0	≥18.5
腰厚比	0～0.5 (极薄)	1.0～1.5 (薄)	2.0～4.5 (适中)	5.0～7.5 (厚)	≥8.0 (极厚)
亭深比	≤39.5	40.0～41.0	41.5～45.0	45.5～46.5	≥47.0
底尖比			<2.0(小)	2.0～4.0(中)	>4.0(大)
全深比	≤52.5	53.0～55.5	56.0～63.5	64.0～66.5	≥67.0
冠角	≤26.5°	27.0°～30.5°	31.0°～37.5°	38.0°～40.5°	≥41.0°

八心八箭与3EX钻石区别

从上面我们也可以看出，其实八心八箭与3EX钻石是没有可比性的，八心八箭钻石切割出来之后会有八心八箭的效果，它只是一种切工的效果。而3EX是根据以上指标进行评定，比如：EX要比VG要好，就是这个意思，所以说3EX切工是钻石证书上用来评价切工等级的分级。

鱼眼和黑底效应

“鱼眼效应”：由于钻石亭部太浅，光线直接透过钻石所致。

“黑底效应”：由于钻石亭部太深，光线从钻石亭部侧面泄露所致。

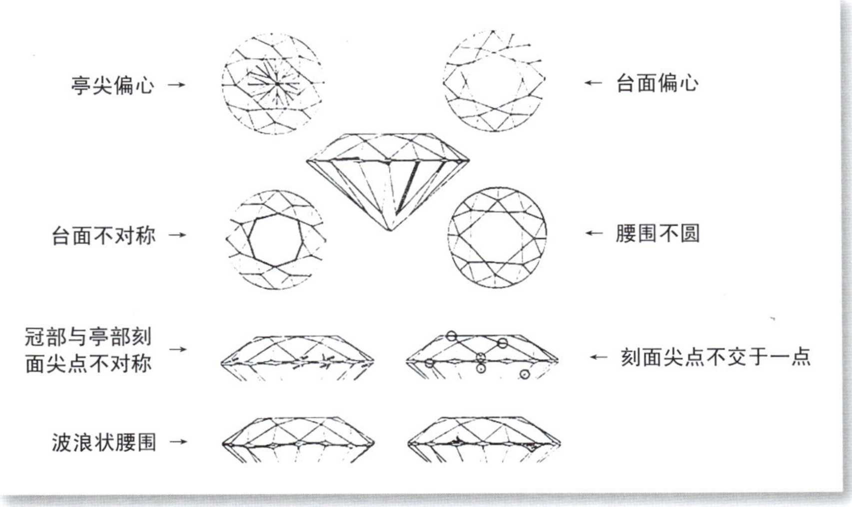

图示所出现的情况，都是因为切磨的不对称性，造成没有呈现八心八箭的效果。

九心一花

梅花钻

图示是专业的切工镜，除了八心八箭的切工以外，还有九心一花和梅花钻的切工。这都是切工的形状，根据不同的切工方式，展现出的钻石火彩是不同的。

蓝色火焰切工 89刻面

目前，很多品牌都在推广这个款式，即蓝色火焰。因为现在都在玩概念，八心八箭太多，其他款式很难推，而蓝色火焰是八面切工，89 个切面，在火彩和对称性上都是非常好的，所以在市面上同等级别的钻石蓝色火焰要比普通标准圆钻价格要贵。目前市场主流钻石消费还是标准圆钻形，蓝色火焰重在概念上，让人感觉新鲜。

思考一下，钻石有哪些琢形？

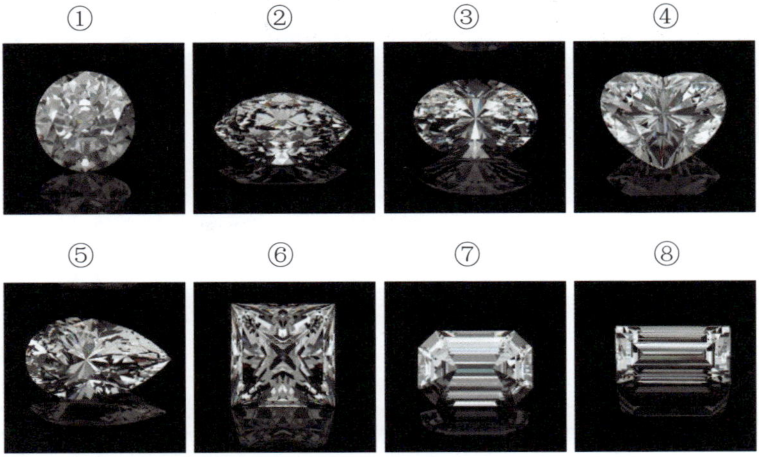

钻石琢形

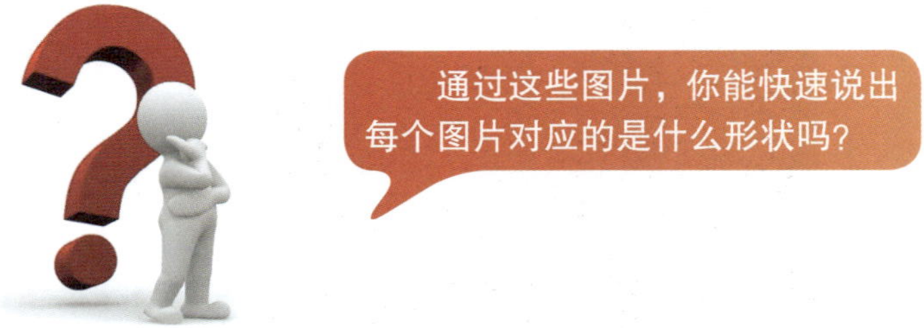

第一个是圆钻形；

第二个是马眼形，还可以叫橄榄形；

第三个是椭圆形；

第四个是心形；

第五个是水滴形，还可叫梨形；

第六个是公主方形；

第七个是祖母绿形；

第八个是梯方形。

4. 玩转钻石4C——重量

重量——爱情的分量。克拉是钻石大小及重量的量度。一克拉等于100 分，同时也等于 0.2 克。

克拉重量越大的天然钻石则越是无比珍贵，这就使得它们更为迷人，更具有摄人心魄的极致魅力。

1 克拉是等于 100 分的，也等于 0.2 克。比如两个 25 分的钻石加起来没有一个 50 分的价格贵，尽管越大的钻越稀少，但钻石的单位价格不能单纯靠重量来决定，而是具有价格区间的。

相对于说在切工、净度、颜色相同的条件下。比如说一颗 29 分的和 30 分的钻石相差 200 块钱，一颗 28 分和 29 分的也是相差 200 块钱。但是 29 分的跟 30 分会差的非常的多。这是钻石的一个分界。

世界上最大的钻石

1905 年 1 月 25 日，南非的普列米尔矿山，有一位名叫威尔士的管理人员，偶尔看见矿场的地上半露出一块闪闪发光的东西，他用小刀将它挖出来一看，是一块巨大的高品质钻石。一称，它的重量竟达 3106 克拉，大小相当于一个成年男子的拳头大小。它纯净透明，带有淡蓝色的色调，是最佳品级的钻石，这就是现存世界上最大的钻石——“库利南”。“库利南”由于太大，当时没有人能买得起。后来南非的德兰士瓦地方当局用 15 万英镑收购，在 1907 年 12 月 9 日，为祝贺英国国王爱得华三世的生日而赠送给英国皇室了。1908 年初，“库利南”被送到当时加工钻石最权威的城市——荷兰阿姆斯特丹市，交给约 · 阿斯查尔公司加工，加工费 8 万英镑。由于原石太大，需要事先按计划劈开成若干小块。这是一件极其困难的工作，因为如果研究不够或技术欠佳，这块巨大的钻石就会被打碎成一堆没有什么价值的小碎片。劈切工作由荷兰著名工匠约•阿斯查尔进行。他用了几个星期的时间来研究“库利南”，按它的大小和形状制造了一个玻璃模型，并设计了一套工具。他先用这些工具对玻璃模型试验，结果达到了预期的要求。1908 年 2 月 10 日，两个月后他和助手来到专门的工作室中，用一个大钳子紧紧钳住“库利南”，然后用一根特制的钢楔放在它上面预先磨出的槽中。约 • 阿斯查尔用一把沉重的锤子在既定的位置比划，几经思索，这一比划就过去了好几天，最后他用这锤子向钢楔敲击。“啪”的一声，“库利南”纹丝不动，钢楔却断了。阿斯查尔脸上淌着冷汗，在那紧张得像要爆炸的气氛中，他放上了第二根钢楔。又思索了好久，又一次使劲地用锤子敲击了一下，这一次，“库利南”完全按照预计裂为两半，而阿斯查尔却昏倒在地上了，而且这一睡，就是 3 天。“库利南”被劈开后，由三个熟练的工匠进行琢磨，他们共用了 8 个多月的时间，每天工作 14 小时才完成。一共琢磨了 9 粒大钻石和 96 粒小钻石。总重量为 1063.65 克拉，仅为“库利南”原重量的 34.25%。由“库利南”磨成的 9 粒大钻石，全部归英国王室所有。9 粒之中最大的一粒名叫“非洲之星 I”，重量为 530.2 克拉，为梨形，共琢磨了 74 个面。它是现今最大的钻石，镶在英国国王的权杖上。次大的一粒叫做“非洲之星 II”，重量为 317.4 克拉，外观方形，磨有 64 个面，它是世界上第二大钻石，现镶在英国国王王冠下方的正中。

怎么样？世界上最大的钻石有没有让你感受到钻石本身的魅力呢？

钻石寓意

● 10 分钻石象征着爱情十全十美，选择这枚钻石送给您的女朋友，代表您对她全心全意的爱，她一定非常感动。

● 13 分钻石象征一生，代表一生的爱。

● 0.25 克拉即是“520”，代表着我爱你，用它送给您的女朋友寓意深刻，能够无声地帮您说出您的爱意。

● 27 分代表着“爱妻”，同时也证明了您对妻子永恒的爱。

● 30 分大小的钻石已经具有一定的保值价值，同时象征两位前生、今世、未来的爱，不受时间和空间的限制，直到永远。

● 50 分钻石极具收藏价值，具有保值升值的空间。寓意“您是我的另一半”，表达您与爱人相伴一生、白头偕老的美好愿望。

● 1 克拉大小非常难得，保值及收藏价值非常的高。 寓意“您是我的全部”，代表了爱人百分之百的爱意。

话术精选

① 俗话说的好，男人三件宝，钻戒少不了。

VVS 的寓意又是“very 、very、shuai（帅）”，其实就是暗中告诉自己，戴这款戒指很帅。

② 钻石是世界上最传奇的物质，因此在社交场合，女性佩戴钻石可表现信心、突出个性，或者表达勇敢，也是事业成功的象征。这是自尊、自立、自强的表现，不只是装饰文化，而是职业女性的一种完美状态。

③ 心形的钻石象征着幸运和温和；圆形的钻石代表着热情、智慧、可靠而易于满足；方形的钻石代表典型的严谨、稳重、有条不紊的生活状态；橄榄形适合于真诚、果断、具有强烈自我意识、丰富创造才能的人佩带；梨形钻石表达的是渴望体验新生活、勇于挑战新事物，理性与感性兼顾的特质。

④ 很多人相信爱神丘比特的箭头正因镶有钻石，才具有征服爱的魔力，所以选择钻石作为定情信物再合适不过了。

⑤ 年轻人选择钻石来作为他们定情或新婚的见证，通过钻石的完美及永久来祈望他们的爱情美满及永恒；年长者喜欢选择钻石来纪念金婚，通过钻石的永恒来表明他们经过漫长岁月考验永生不变的爱心。

⑥ 能够拥有一颗代表永恒爱情的钻石，是每个女人的梦想，所以您给她选的这款钻戒，她一定会喜欢的。

⑦ 钻石是世界上最昂贵的宝石。它象征的是一种爱情之火生生不息，生命之美绵绵不绝，它给人们留下美好的回忆。人们购买钻石就是购买一个梦、一个理想、一份情。

三、钻石的魅力

四、钻石的生成与开采

五、钻石的传说

六、把钻石卖活案例分享

三、钻石的魅力

善用文化卖钻石，擅于讲故事。

远在盘古开天地，钻石便已在地球深部产生，大部分钻石形成于30亿年前！相当于地球的2/3年龄即使最年轻的钻石也形成于7000万年以前。

1. 钻石的四个“最”

（1）硬度最高

迄今发现最硬的天然物质，硬度是红蓝宝石的140倍，水晶的1000倍。

（2）宝石中最珍贵

宝石中最珍贵的，被誉为“宝石之王”。

（3）色散率最高

天然无色透明宝石中色散率最高的，色散率为0.044，因此钻石能将白光分解成光谱式的彩虹颜色。

（4）折射率最高

所有天然无色透明宝石中最高的，折射率为2.417。

2. 钻石的一个魅力

钻石，大自然的奇迹。

当欣赏一颗钻石的闪烁光芒时，不妨追溯一下它的前生往事，经历一次时光之旅，感受钻石的神奇魅力。你会惊诧于它悠久的历史和天然的特质，心绪随之跌宕起伏，奇妙无穷。

钻石是大自然最珍贵的杰作，多年来埋于地下深层。由于它们极为罕有又异常美丽，早在几个世纪以前，已被人们视为瑰宝，作为爱情、希望及浪漫的象征。

钻石是世界上最为稀有的宝石，平均要开采250吨矿石才能得到一粒一克拉重的宝石级钻石，非常珍贵。

四、钻石的生成与开采

钻石的四个生成条件：温度、压力、深度、时间。

温度： 高温 1150 ~ 1400℃；

压力： 超高压 40000 ~ 65000 个大气压；

深度： 地表以下 150 ~ 250 千米的深度，上地幔的位置；

时间： 9 亿至 33 亿年。

1. 钻石矿的勘探与寻找

含钻石的岩石是金伯利岩和钾镁煌斑岩，目前只有这两种原石。

加拿大西北部的钻石矿床是几代地质学家经过艰苦努力，耗资至少几亿美元才找到的。

现代科技如此发达对于钻石矿的探寻同样是十分艰辛的，随着自然资源的逐步枯竭，钻石矿床的探寻和开采就变得举步维艰了，珍惜身边的每一颗钻石吧！

博茨瓦纳这个原生矿用了 12 年的时间，耗资 3200 万美元。寻找矿床是非常的艰苦。

图示矿床旁边是城市，我们把这个露天的钻石矿叫做地球的伤疤。它面积大，一圈一圈地绕。矿开得越来越深，开到这个程度的时候，再带原生矿上来要一整天的时间。所以说钻石到我们的手上是非常的不容易。

2. 钻石的开采与分选

开采出来的金刚石，只有大概 20% 可以用于宝石加工，剩下的 80% 我们是用于工业。而切磨钻石的利用率大约 45% ~ 50%。比如说 1 克拉钻石的原坯，切完之后我们这个钻石还剩下大概 40 分到 50 分。

五、钻石的传说

钻石之名来自希腊语，取“坚固无敌”之意。钻石有“宝石之王”的美称。围绕钻石的阴谋、战争、冒险故事和传说，也是其他宝石所不能比拟的。

寻找钻石的过程极为艰辛，即便搜遍全世界的矿山，也只有不足百分之一的钻石可被开采切割成超过一克拉的钻石。

钻石之谷

据古罗马哲学家普林尼（Pliny）在《钻石之谷》的记载，公元前326年，亚历山大大帝带领十万大军东征印度时，听说当地有一钻石谷，其内充满了钻石，只可惜这一山谷人烟稀少、悬崖峭壁，有成千上万的毒蛇盘据于谷底，并有无数的秃鹰在天空盘旋，似乎它们在守护这些钻石，使人们无法获取这笔财富。这时一个聪明之士想出一条妙计——将大块的鲜肉抛向山谷之中，钻石会粘在肉上，饥饿的秃鹰为了获得鲜美的食物，会奋不顾身地飞向谷底，猎取食物，等这些秃鹰飞出山谷，等候在外面的士兵用箭射下可怜的秃鹰，最终获得钻石。

在印度人看来，世间万物都有“生世之谜”。传说钻石的前世是一位名叫巴拉的勇猛无比的国王，他不仅出身纯洁，其平生所作所为亦光明磊落，当他在上帝的祭坛上焚身后，他的骨头变成了一颗颗钻石的种子，众神均前来劫夺，他们在匆忙逃走时从天上洒落下其中的一些种子，这些种子最后变成了蕴藏在高山、森林、江河中的坚硬、透明的钻石。

第一个佩戴钻饰的女性

很多年前女性是被禁止使用钻石的。在13世纪法国圣路易斯国王曾禁止妇女佩戴钻石饰品，他认为只有圣母玛利亚才有资格佩戴，钻石的珍贵由此可见一斑。到15世纪中时这条规定才被一个叫做雅丽丝的平民女子所打破。她既不是皇室成员又不是贵族出身，但却使查理七世倾倒，令她地位超然，漠视法令。从此以后钻石不再是特权阶级所独享了。

奥地利的马克西米利安一世 1477 年在与法国勃艮地的玛丽公主定亲前，接到公主的一封来信，内文写道：定亲之日，公主必须戴上镶有钻石的指环。由此，有文字记载的历史上第一枚结婚钻戒就此戴在了玛丽的手指上。钻石戒指从此成为情侣们忠贞爱情的至高信物。

当代的情侣衫早在中世纪就已经出现了。一对情侣的左边衣袖用相同布料做成，是中世纪传统爱情的象征。另一古老习俗就是两人佩戴的珠宝头圈。

中古后期为摆脱单调的镶制法，工匠开始把浪漫的意念引入钻戒设计上。他们采用了拱形的钻石，加以精巧的镶工，做出更别致的设计，如蔷薇形雕饰，英文字母，或象征处女的百合花纹章。更有甚者把爱情诗刻在戒环内。这些爱的蜜语饰以阳光下的玫瑰,在闪耀的珐琅上更显醒目。16 世纪嫁与英王亨利八世为妻的安，在她的婚戒上刻着：“神把我差遣给您。”“爱人”一词被发现刻于一只公元前 400 年希腊的订婚戒指上。

钻石故事：典故一

古希腊人相信钻石是陨落到地球上的星星碎片，甚至有人认为钻石是天神滴落的眼泪，或者由天水或天露而来。在梵文中，钻石一词即为雷电之意，借以表达钻石由闪电而生的信仰。直至今日现代科学的发展才告知人们钻石并不是由天而降，相反是破地而出的。古人还相信钻石会生小钻石，连著名的科学家波义耳(Robert. Boyle，1627 ~ 1691) 也相信此种说法。

钻石故事：典故二

罗马人相信钻石具有战胜邪恶的力量，在远古时代，钻石是被用来当护身符挡住邪恶的恶魔。

钻石故事：典故三

更多人认为钻石是天使的眼泪。当天使们被凡人的爱情所感动时，从天上掉下来的眼泪，幻化成一颗颗闪亮的钻石。

钻石故事：典故四

中国的说法是：在古代，君王宠幸过妃子，便给她一枚银指环作凭证，当她产下孩子后，再换成金指环。后来普通人家也以指环作为婚姻的凭证，渐渐演化为婚戒。

钻石故事：典故五

在古埃及象形文字中，圈环表示“永恒”，之后戒指也有了“永恒”的意义。

钻石故事：典故六

钻石——金牛座的象征

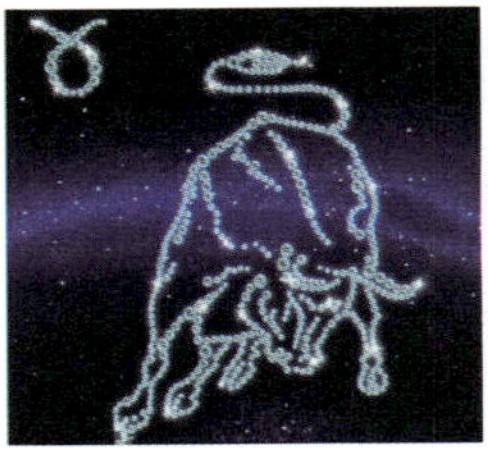

1278年西班牙学者通过对古代巴比伦文化的研究发现，古代巴比伦人认为，钻石为双子星座的第三面目，也视其为金牛座的第一象征。佩戴钻石者好猎，技艺精湛，受人敬重。当土星行到这个位置，适时上升，与月亮成60度或120度时，佩戴者身穿盔甲，肩背弓箭，神力倍增。

钻石故事：典故七

古埃及时代，订婚和结婚戒指都算是一种契约，当男子给女子戴上戒指，就表示她就是我的人了。

钻石故事：典故八

埃及人相信无名指的血脉是通往心房的爱情之脉，而心脏就是爱情的领土。所以婚戒要戴在无名指上，象征着爱情的火焰像钻石一样生生不息。

钻石故事：典故九

按基督教的习俗，钻戒应戴在无名指上，据说是因为神父用戒指按顺序轻触新人的食指、中指、无名指，并说“奉圣父、圣子、圣灵之名”，最后正好落在无名指上。

钻石故事：典故十

钻石魔力和宗教传说

净度：古人视钻石为最纯净之物，许多文明者认为唯有肉眼看不见内含物的钻石，才有价值，带有“瑕疵”者，代表厄运。

颜色：无色透明的钻石代表纯洁。

外形：完好的八面体原石是自然界中最完整的物体，它象征着秩序、祥和。

亮度和火彩：无色透明，结晶良好的八面体钻石，即使不加切磨也可展露良好的亮度和火彩，因此钻石被视为明亮的象征。

硬度：战士和魔术师认为钻石的坚硬是无法征服的象征，哲学家认为其意味着人类生命深不可测的奥秘。

小游戏

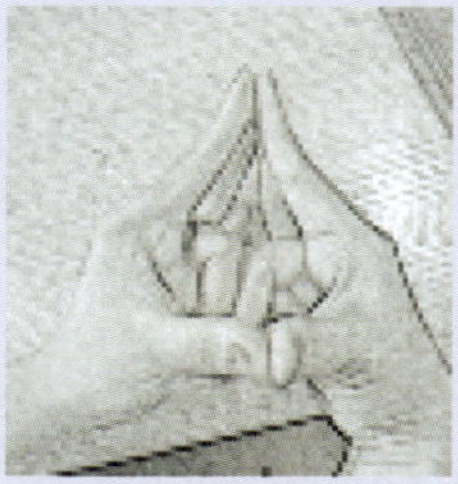

1. 大家伸出两手，将中指向下弯曲，对靠在一起，就是中指的中部关节对顶靠在一起，然后将其他的4根手指分别指尖对碰。
2. 接下来手指一根一根张开，请张开你们那对大拇指，大拇指代表父母，张开代表成家后就离开了父母。
3. 请大家合上大拇指，再张开食指，食指代表兄弟姐妹，他们也都会成家，也会离开我们。
4. 请大家合上食指，再张开小拇指，小拇指代表子女，子女长大后，迟早有一天，会有自己的家庭生活，也会离开我们。
5. 那么，请大家合上小拇指，再试着张开无名指。这个时候，大家会惊奇的发现无名指怎么也张不开，因为无名指代表夫妻，是一辈子不分离的。

● **这个游戏可以和顾客一起玩。**

哲学家柏拉图有句话："钻石是一种生命，它是天意的化身。"钻石是最美丽的宝石，所以13世纪法国颁布法令，只有国王和圣母被允许佩戴。

根据HRD公布的一个数据：要将250吨的岩石、沙和砾石处理以后，才能得到一克拉的钻石，所以钻石是不是非常的珍贵？

一颗钻石从开采、分选、加工、分级、销售，最后到我们消费者手中，要经过200万人的手，再加上钻石漫长的形成过程和其发现的艰难，那么天然钻石的珍贵也就不难理解了。

顾客不喜欢钻石，是因为不了解钻石，如何让顾客了解钻石，需要我们给顾客进行引导和讲解，因为想让顾客在不了解钻石的前提下去购买，其实是一件很难的事情。

据说爱神丘比特的箭头正因为镶满了钻石，才具有征服爱的魔力。有一个年轻的女孩，跟一个年轻的男孩，有一天被爱神丘比特射中了，从此他们幸福地生活在一起。

通过文化典故让我们知道其实在钻石销售中我们要让自己深刻地理解钻石的文化，正是因为有了这些文化才让我们璀璨的钻石更添活力，正是因为有了这些文化，才让我们在销售中更加的有底蕴，所以说文化是有内涵，更重要的是文化需要传承。

六、把钻石卖活案例分享

如何把钻石卖活

案例1：你们的钻石为什么不够闪呢？

■ A 珠宝公司：

（1）第一种回答

销售员：您说的是这一款吗？挺闪的呀。

顾　客：没有，刚才我看的别人家的钻石更闪。

销售员：是吗？不会啊。

（2）第二种回答

销售员：是吗？每颗钻石的火彩不一样。

顾　客：那我刚才看的别人家的钻石怎么闪呢。

销售员：小姐，都是钻石怎么可能出现这种情况呢。

顾　客：我刚才看的那款确实要闪一些。

销售员：那你再看看我们家的钻石，先了解一下嘛。

■ B 珠宝公司：

销售员：小姐，您观察得挺认真的呀！其实每个钻石的火彩也就是您刚才看到的钻石闪耀的光芒，都是不一样的，因为就像我们人一样，也都没有长相一模一样的人，更何况是自然形成的钻石了。您刚才看到的这款钻石感觉没有其他款式闪是这个意思吗？

顾　客：是的，我刚才看的那款比较闪。

销售员：其实钻石的火彩还要根据每款钻石本身的切工来看，当然还要看它镶嵌方法，如果用包镶的款式可能就没有爪镶的火彩展现得好，而且灯光的位置和您看到展示钻石的角度也会影响钻石的火彩。这样吧，我拿这款式给您看一下，这样您就不会觉得钻石不闪了。

顾　客：这样看是挺闪的了。

销售员：小姐您是一个非常细心的人！

顾　客： 我很粗心的。

销售员： 您别小看这颗诞生于 30 亿年前的钻石，它可是见证过地球的沧海桑田和历史变迁的。我们的矿工把它开采出来，历经过 200 多万人的手，经历 100 多道工序，最终依旧璀璨如故地来到您的面前！您选中我们柜台不管哪一款，那都是您和它之间的缘分呀。它是这个世界上独一无二的，是大自然馈赠给我们人类最珍贵的礼物。钻石又是女人最好的朋友，拥有一款自己喜欢的钻石，给自己的生活多添一些自信和美丽，那是再好不过的了，您说对吧？

顾　客： 挺好的。

到这一步，顾客买不买，我们不得而知，但是就前面几位销售人员的话术的讲解，我相信大家都能感觉得出哪位销售人员的话术更能打动顾客的心，一个小小的问题，如何在竞争中脱颖而出，那就要看我们自身是否对于钻石本身足够了解了。

案例 2：我不要钻石！

■ A 珠宝公司：

顾　客： 我不要钻石。

销售员： 为什么呢？

顾　客： 不保值，卖了没有人要。

销售员： 哦！那您可以看看黄金吧！

顾　客： 好的。

我们之前讲过素转非，如果每单都是这样非转素，我相信转成功的概率会非常大，有一句话要送给大家：素转非不容易，非转素很容易。

■ B 珠宝公司：

顾　客： 我不要钻石。

销售员： 呵呵，没关系，随便看看也没所谓嘛！对了，我想问一下您为什么不喜欢钻石呢？

顾　客：不保值，卖了没人要！

销售员：呵呵，原来是这样啊！我跟您说，大家都说黄金保值，现在金价您再看看，买件首饰谁还天天指望那点保值啊，既然选首饰那就要选戴着好看的，能戴得长久一点的，您说对吧！

对于钻石，您要是多了解您就知道了，其实钻石被誉为“宝石之王”，是所有珠宝中最珍贵、最稀少的。在以前啊，钻石都是皇宫贵族才能佩戴的，比如 13 世纪，法国就颁布法令，只允许国王和圣母才有资格佩戴钻石。

比如英国国王就将世界上最大的钻石“库利南”镶嵌在至高无上的皇冠和权杖上，以示尊贵。可见钻石是多么的名贵和稀有，被誉为“宝石之王”那是当之无愧！

现在随着人们生活水平的提高，不单是钻石首饰，连彩宝首饰都好几套呢，几乎每个女人都有自己的钻石。您看，人也就活 100 多岁，可每颗钻石的年龄却有 30 亿年了，那是什么感觉，只有戴过了才知道，买不买没关系，我拿一款爪镶的您看一下！

案例3：你们的钻石是不是南非钻啊？

■ A 珠宝公司：

顾　客：你们的钻石是不是南非钻啊？

销售员：是！

顾　客：有证书证明吗？

销售员：有，我们国检证书。

顾　客：这是鉴定证书，我要的是证明是南非产的证书。

销售员：无语。

■ B 珠宝公司：

顾　客：你们的钻石是不是南非钻啊？

销售员：先生，钻石进行打磨抛光后就无法看出产地了，钻石是由4C来评价的，就像黄金是按照纯度（千足金）来售卖的，而不是看是哪里产的黄金是一个道理。

顾　客：怎么证明你们的钻石好不好？

销售员：评定钻石的好坏要看钻石的4个标准那就是4C，我拿切工牌给您讲解一下。

顾　客：别人都说南非的钻石好。

销售员：世界上有7大产钻国。但世界上出现的比较有名的大钻石，有不少都是南非出产的，所以，很多人，就像您一样认为南非钻石是最好的了。用4C标准来评价是足够的，据我们所了解的，从来没有任何一个国家或者商家以产地评价一颗钻石的。所以，您不用太担心。

顾　客：嗯，你们挺专业的，我懂了。

从上述两个案例可以看出，其实顾客想要化解的是内心的疑虑，当我们的销售人员可以非常专业地化解顾客的疑虑的时候，我相信顾客的心已经深深地被你所感动。

在销售过程中，很多时候我们会遇到 **“词穷”** 的境况，就是导购说着说着就没话说了。

词穷
- 专业性“词穷”
- 话术性“词穷”

在终端销售过程中，话术很多。对于导购来说，专业方面的知识要靠我们针对性地进行学习和补充，但是对于话术性词穷我们也只能在平时的时候积累，练习说这些话术，在与顾客交流过程中，看看能不能用我们的话术来解决顾客的疑难问题。通过话术来对顾客进行引导，让顾客知道你是站在他的角度考虑问题。

话术的魅力在于，力求在变化中突破，根据不同的人说不同的话，这样我们在销售中才不会 “词穷”。

通过学习，让我们和 “词穷” 说拜拜吧！

七、专业钻石销售来自熟练

八、提供专业的钻石销售服务

九、擅于找每个款式的卖点

七、专业钻石销售来自熟练

1. 第一熟练——“焦点”训练熟悉

我们在平时销售中会遇到一种现象，就是总觉得我们的货品不好卖，感觉人家的货就是比自己家的货好，如果我说中了您的心声，那就赶紧将这种现象还原，如何将我们的思维发散，让现有的货品活起来，而非死气沉沉地摆在那里，这成为我们这一次学习的重点。

我们通过这个现象，拿三家店铺做一个小小的测试。

第一家店铺的店长的反应是卖来卖去还是这些货，让我们怎么卖啊，顾客都说了，翻过来翻过去还是这些，如果能进点新货，保证能卖得好。

第二家店铺的店长的反应是赶紧换一下陈列，让顾客有一种耳目一新的感觉，让顾客感觉到我们家上新货了。

第三家店铺的店长的反应是在现有的款式中找出一个主题款式作为新款引导，在柜台中单独陈列，其他货品的陈列也随之调整，让顾客时刻感觉我们家和其他店不同。

一个月之后，三家店的销售情况各有不同，销售最好的是第三家。因为这家店的店长没有抱怨，没有杞人忧天，她去做了一个店长应该做的事情，就是将老师所教的把货品在店铺中很好地去展现出来。如果天天依赖新款，在同质化如此严重的今天，又有多少款式是新款呢？如果来了新款，也不是全部都能销售，你喜欢的款式、觉得好看的款式、觉得性价比高的款式肯定是卖得比较快的，因为喜欢，然后你会想各种好的词去修饰它、去形容它，去吸引顾客。然后心里面肯定也会想这款式的种种好，给顾客介绍的时候就能把自己发自内心的喜欢和认可传递给顾客，这是自己喜欢和认可的款式卖得特别快的原因。当其他剩余的款式滞销的时候，我们应该怎么办呢？是随波逐流，还是主动出击？

当你觉得钻石不好卖，是为什么？首先，不了解；其次，没习惯性的语言、习惯性的话术；如果你不去了解它，不去学习，那就只能让顾客主动购买了，现在又有多少顾客是主动购买钻石的呢？这个问题我们要好好反思一下？

这时候如果我们在现有的货品中（排除新款）选择一款，不论它是戒指还是项链，不论它是耳环还是吊坠，将此款式的寓意及卖点都呈现出来，而且让我们所有同事都熟悉此款的寓意及卖点，再单独陈列在醒目的位置，让它成为明星焦点的时候，它离被销售出去就不远了，因为此时这个款式已经被赋予了生命，它已经活了。

这就是我们接下来要讲的如何在我们店里将现有的货品销售得很好的方法，**“明星焦点”**顾名思义就是让我们的款式有明星一般的光环，成为闪光灯下笼罩的焦点，如果大家的介绍话术统一，就像每个观众都知道明星的名字一样，无论是有意向来看的顾客，还是被我们引导去看的，都可以让她了解我们的明星焦点货品，让她近距离欣赏它，让我们的款式都能呈现出光彩夺目的一面，而非冷淡得无人问津。

接下来就让我们去看看明星焦点是如何塑造的吧。

1.1 明星焦点设置8步流程

■ 公司主推

在款式的选择上一直以来是我们明星焦点钻饰的重点，不用选店铺平时畅销款式，因为那些款式本身畅销。

■ 均价之上

在选择明星款式的时候，特别要注意的是实际销售价格要在我们店铺此类款式的平均单价之上，例如：店铺钻石戒指近半年的平均消费单价是 5000 元，选择的明星焦点的款式就不能低于 5000 元。这点请大家注意。

■ 卖点塑造

对于选好的明星焦点钻饰要进行卖点塑造，就是指将它的款式材质、专业性、寓意等方面进行汇总，将卖点编写成销售话术。

■ 人人过关

在店铺的每一个人都要熟记此款明星焦点的卖点，而且在店内要进行统一的标准，不能塑造得五花八门，要有突显明星焦点的专业性。

■ 熟记陈列

将选定好的明星焦点钻饰单独陈列在一个醒目的位置，用来吸引顾客的眼球，让顾客从陈列上与其他款式进行区分。

■ 每日巡检

设置好明星焦点后就要进行每日巡检，巡检内容：

a. 巡查焦点陈列是否得当。

b. 巡查话术塑造是否标准统一，话术生动。

■ 正确引导

对于新老顾客都能进行引导介绍，同样不要忘记对于已经成功销售的顾客在离店前进行引导，让顾客充分了解我们的焦点及其他产品。

■ **及时更换**

如果陈列一出就立刻销售，就设置下一款明星焦点上柜，最长陈列时间不宜超过两周，如果到两周还未销售，也要准备设置下一款明星焦点。

1.2 怎么去塑造明星焦点

接下来我们就一同去见证一个款式从之前冷冷地被摆在柜台上到被包装成明星焦点的过程。

1.2.1 一生守护（钻石明星焦点）

名称：一生守护

广告语： 一生的守护并不是天天在身边，而是在你最需要他的时候，他出现了，而且一直守护你。

特征： Pt950镶嵌钻石，原价12719，折后是12083，主石重0.21ct，颜色H，净度VS。

卖点： 不是所有的花都代表爱情，但是玫瑰做到了；不是所有人都能戴这个款式，但是您看到了。简单中不失华丽，华丽中突显个性，这就是这个款式的最大卖点。

一生守护，这款钻戒是由组合镶嵌完成，两个圆爪最大程度上保留了钻石的火彩，预示着好事成双的意思，两旁的卡镶延伸出另一半对您的守护从未停止。 如果说您要的是相伴，他做到了一生的相伴；如果说您要的是守护，他做到了您一生的守护。

此款钻戒为铂金戒托，真正做到了一生的守护，无比稀有，永不磨损，永不褪色。

2. 第二熟练——货品熟悉训练

货品的熟悉训练，在平常给顾客介绍货品的时候，应该从哪些方面向顾客介绍？或者说寻找一下款式的分类结构有哪些。

比如说特点，有一些款式比较显钻，有一些比较简单，豪华款，潮流款，经典款，时尚款，无论是比较吸引人的款式还是比较特别一点的款式，我们都要了然于心。

另外，从价格上看，每个店铺都会有哪些价格段呢？导购要对自己的货品非常熟悉与了解，钻石、吊坠，戒指等，1000 至 5000 价格之间，5000 到一万之间，有多少是 VS、VVS 的。

店铺货品系列有结婚系列、情侣系列；材质有 K 白、K 黄等材质，我们要将这些熟记于心，对店里面的每一款货品熟悉。比如顾客要选一个 13 分、H 色、VS 级别、六爪镶嵌的货品，我们要迅速地为顾客找出这款。

3. 第三熟练——技能熟悉训练

现在去服装商场，你一进店铺导购就基本可以判定你穿多少码的衣服。如果你去鞋城买双鞋，在你进店的时候，导购同样知道你大概穿多大的鞋子。

作为我们珠宝店铺，首先我们不需要第一时间了解顾客的衣服的码数，也不用去了解顾客的鞋子穿多大，但是一位顾客进店之后，导购一定要去判断顾客手指指圈号，顾客如戴有钻石戒指，就要猜出它有多大分数。导购要做到一颗钻石误差范围在 3 到 5 分之间。

技能熟悉，我们不单要为顾客量身打造属于她的钻戒，还要让我们的货品与顾客当天的服饰、她的气质类型非常搭配，真正做到一位专业的钻石销售顾问。

八、提供专业的钻石销售服务

1. 演示钻石销售服务

案例1：一位女性进店，挑选一款钻石吊坠。

顾　客：你帮我把这个吊坠拿出来看一下，我想戴戴看。

导　购：您好，小姐您先坐吧！您看的是这款吗？

顾　客：对，没错。

导　购：您的眼光真好！

顾　客：我想试戴一下行吗？

导　购：好。

顾　客：帮我试戴一下。

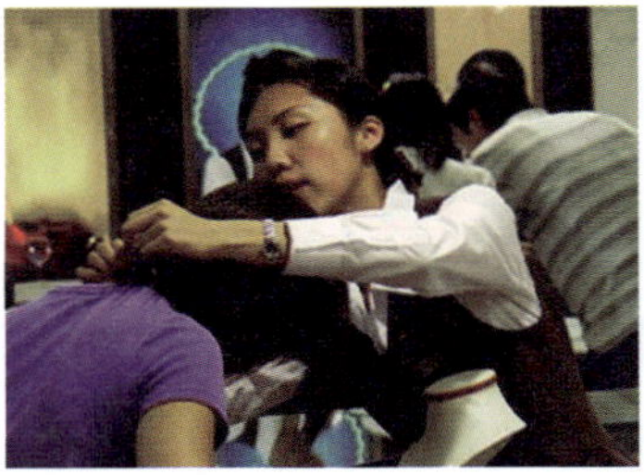

整个接待试戴项链的过程是，先将货品拿出，让顾客近距离先欣赏一下此款，和顾客进行简短交流后，让顾客坐下。

如果你有其他同事可以协助的话，就可以让长发女性顾客撩起头发，我们在外协助的人员可以先站在顾客的一侧，将项链从顾客的下巴下方穿过，你同时另外一只脚横向移步，准备接刚才从下巴下方穿过来的项链部分，接过来之后，在刚才顾客撩起头发的下方将项链连接环扣住即可。

不要小看这个动作，尤其是在团队协作中，给顾客的感觉是非常不一样的。

如果是单独完成整个试戴过程，那就让顾客在撩起头发的同时低一下头，我们和顾客脸部要有左右一拳的距离，如果与顾客面对面戴，那就十分尴尬了。

2. 专业钻石销售服务

- **手套**（干净，整洁无涂鸦）
- **展示**（动作大方，显专业）
- **擦石布**（用时轻擦，不用备拿）
- **仪器展示**（切工镜、放大镜、4C 牌、测钻仪）
- **礼仪**（举手投足都有一种专业的风范）
- **保养和护理**

特别要强调一下整个销售过程中，顾客亲近货品的时候，要注意货品的安全性，有时候顾客只归还了项链，而吊坠不知去向。

2.1 巧用手套

■ 常见戴法

去一家珠宝店，首先看导购员戴手套，戴手套可以看出很多细节。有些导购员，在顾客面前戴手套，把一只手装进去后，用另一只手抠每根手指和其他部位，最后才算把手套戴好了。这样戴，时间会延长，而且动作也称不上优雅。

■ 手套巧戴

首先拿出手套的时候，保持手套平直，拿出的动作要轻柔，所以平时不要把手套揉成一团。然后把手套进去，但是这个动作不要露出来，一般手在柜台下面，不让顾客看见。最后，用另一只手把手套的手指部位和尾端都压下去。

2.2 展示货品

展示货品，必须要用擦钻布擦拭，女人天生爱美，如果配上美丽的钻石那会更加光彩夺目，正是因为钻石独有的火彩，才展现出女人柔美的特质。钻石本身亲油疏水，如果不擦，谁都摸，钻石的火彩就完全展现不出来，那和玻璃就相差无几了，所以一定要记得擦钻石。

擦石布有大有小，将大的叠成小的，越小擦起来的感觉越好；其次保持钻石布的清洁。

戴好手套后，拿出货品展示给顾客看，就要用到我们的看货盘，特别要注意看货盘上面品牌 LOGO，如果有 LOGO 的，就要注意 LOGO 是要正面面对这顾客的。

展示货品有很多种方法，从柜台拿出来的时候，我们要把货品保护好，手背要朝上，拿出货品。有导购拿钻石首饰的时候很粗心，出柜门的时候，货品经常被刮到。

另外，还有仪器的展示，就是切工镜和放大镜的运用。如果我们要把专业道具都用上，顾客会觉得我们很专业，就会选择我们。最后就是礼仪，包括我们为顾客佩戴首饰的时候，在销售当中细节很重要，对钻饰的保养和护理，都要跟顾客交代这些细节。

在整个钻石销售服务过程中的服务口诀：

戴手套要有艺术感，

开柜门要有迅速感，

拿出货要有柔和感，

看货盘要有方向感，

钻石款要有光泽感，

试戴时要有专业感，

介绍时要有生动感。

世界钻石趣闻

骨灰做钻石

芝加哥的一家公司最新推出了“骨灰钻石”，一听到这个名词你会不会被吓一跳，其实就是人们把已故的人的骨灰重新合成钻石，亲人可以把用骨灰合成的钻石戒指或者首饰戴在手上或者身上，为的是和已故的亲人长相厮守。这样用骨灰制作的钻石戒指或者首饰，价格更加昂贵，根据工艺样式的不同，价格通常是普通钻石的两倍还多。

职业名言：不抛弃，不放弃。

销售钻石的过程就像一场恋爱的过程，在素转非销售里有一句话：不抛弃，不放弃。失败是为成功种下一颗种子，经过历练总有收获的那一天。

我们必须接受失望，因为它是有限的，但千万不可失去希望，因为它是无穷的。

心得

九、擅于找每个款式的卖点

款式卖点即发现款式与众不同之处。首先我们应了解它的本性，它的优点，最后是这款能给顾客带来什么好处，也就是产品的FAB。但是，很多时候，当你拿到一个款式的时候不知道从哪些方面去介绍它，这是因为你对你的货品不了解，对货品的话术不了解，在你脑海中对产品没有系统性的概念。

款式卖点

●**形状：**上下结构是灵动；包镶的是幸福围绕，团圆，圆满，永恒，我的眼里只有你。

●**工艺:** 群镶，多钻即多赚，缘定三生，七星捧月; 单钻即一心一意。

●**设计：** 奢华、精致、名贵。

●**材质：**铂金镶钻，即相爱到白头。

●**款式风格特点：**跟顾客的气质、风格般配。

●**名称和寓意塑造：**爱、幸福、美满、感情，4 C和镶嵌方式。

在卖点的训练里面要重点突出的是一个问题，要做到既要突出产品的与众不同，又要和顾客本身的身份气质非常相符，如果此时此刻不太符合，就要通过你自己的描述，让顾客有一个非常好的场景联想，这样的话你就要学会如何推荐适合顾客的款式，即首饰搭配技巧。

① 要考虑整体效果。

一般情况下，全身的首饰最好别超过三件，除非参加宴会。

② 点缀装饰要善于灵活多变。

灵活多变要以不变应万变，选择的点缀装饰物能与各种服装款式相协调，提高饰物的适用功能。

③ 要注意本身特点。

首饰的佩戴要注意照顾人体本身的因素，要与人的体形、发型、脸形、肤色及服装协调一致。

④ 注意不同场合。

佩戴首饰，应与所处的环境，场合相适应。不同的场合对于首饰的质地、款式、形式要求不同，因此应采取不同的合理佩戴方式。

⑤ 注意佩戴首饰的季节性。

一般地说，由于季节不同，对于饰物的质地、色彩、形式以及佩戴取舍的要求也不同。

⑥ 注意传统习惯。

佩戴首饰要注意各地的风俗习惯，传统观念。不同地区的人，对首饰的质地、色彩有着不同的喜好。

⑦ 不要多而杂。

戴了耳环，最好不要再佩戴胸针或手镯，因为这样搭配较为呆滞，佩上同色系列的项链或戒指最合适。

⑧ 最好成套购买。

经济许可的情况下，在买项链时，最好同时买下同色系统或同质地的耳环、手镯，以便搭配使用。

⑨ 注意总的协调搭配。

佩戴首饰的种类和形式多种多样，在繁多的饰物和戴法中，既要考虑其人、其环境，又要考虑整体的效果，要注意到诸多因素间的关系。协调一致的搭配，恰当的点缀，才能起到佩戴首饰的效果。

十、钻石理财投资

十一、大钻销售

十二、钻石销售话术

十三、实战管理书籍

十、钻石理财投资

1. 钻石投资知识

2013年钻石价格情况分析

如今说到钻石，俨然成为婚姻的象征，正常的婚礼上，总少不了它的身影。然而，一百年前，许多国家的新娘并没有佩戴钻戒的习惯——比如直至上世纪 60 年代，日本新郎新娘只需共饮一碗米酒便可确认夫妻身份；而我国传统婚礼上，新娘佩戴的是玉器和黄金。

与欧美国家相比，中国钻石市场起步晚，但发展迅速。改革开放之初，钻石首饰在中国内地的销售额尚不足 100 万美元，仅仅 20 年，已跃升至 61 亿元。2009 年，中国的钻石需求高居全球第二名，成为仅次于美国的全球第二大钻石消费市场。这一蓬勃态势也带动了网络销售平台的发展，2011 年，我国珠宝电子商务市场规模已近 70 亿人民币。一向对北京、上海、广州等一线城市的调查表明，中国新郎愿意花费 3 个月的薪水为新娘买下一枚婚戒。这枚婚戒对于女性来说意义非凡，甚至可以让她们依赖一生。可以说，中国复制了欧美和日本的模板，本来不被人关注的钻石成为了“一种生活方式的象征”。

需求的火热推动了国际钻石价格的不断上升，从而吸引了投资者的目光。钻石价格的轮番上涨是因为钻石的垄断和供求关系的影响导致的。

然而事实上，钻石完全靠垄断来控制供应链，并通过大规模的营销手段来维持价格，并推出了震惊世界的广告语："钻石恒久远，一颗永流传。"大克拉的钻石被投资商所拥有。

19 世纪末，全球 90% 以上的钻石产量在南非，而戴比尔斯公司几乎控制了南非所有的钻矿。为了维持钻石的价格，戴比尔斯公司严格控制产量，由于制造的落后，需求的增加，导致戴比尔斯公司多次提高毛坯的价格，正是因为戴比尔斯公司的垄断，所以整个价格体系只增不减。

从钻石的利用率来看，钻石的利用率非常低，达到宝石级别的非常难得，开采出的金刚石几乎绝大多数都用于工业。

调查显示，从 2011 年的钻石行情来看：雷派波特的平均报价在 2011 年 3 月份期间增加了 6.6%，0.5 克拉的钻石上涨 7.3%，1 克拉钻石上涨 7.7%，而 3 克拉的上涨 6.9%。预计 5 月雷派波特拍卖会上价值不高的小钻石价钱会继续走强。报价同时显现，第一季度平均价钱上涨了 11.5%，其中 0.5 克拉的上涨 11.8%，1 克拉的上涨 15.1%，3 克拉的上涨 11.8%。

从钻石的投资角度去看，在 2012 年裸钻投资超高价值回报的理念已被广大投资者接受，他们也通过实际行动将裸钻的消费克拉数提升了不少。过去，10 分左右的小钻是消费主力，而现在 30 分左右的裸钻已成为国内二线城市消费的主力，50 分左右裸钻已成为国内一线城市的消费主力，而 1 克拉以上裸钻被选购的占比也在逐年增加。

我们都了解，裸钻的形状有圆形、公主方、祖母绿、椭圆、橄榄、水滴、心形、梯方形、三角形，过去，圆形裸钻是普通消费者最爱的钻石形状，而像梨形、心形裸钻仿佛只有明星才会选择，但从 2013 年裸钻的流行趋势看，圆形钻、梨形钻、方形钻、椭圆形钻以及心形钻等继续各领风骚。

虽然2012年的钻石价格还是保持上涨的趋势，但是钻石行业目前也面临了相当的压力！当前而言信贷紧缩，对中国经济发展速度放缓的预期更是毫无疑问地揭示钻石行业当前处于一个相对困难的时期。相比钻石而已，黄金市场已经动荡不堪。中国和印度市场占全球钻石需求量25%，该占有率将持续增长并有朝一日会超越美国。但是当前这两个市场的毛坯钻石货源供源已趋于饱和，这也意味着市场在短期内还是处于一个平稳的阶段。

其实相较于传统的钻石销售模式，当前各大钻石电商平台已经纷纷上线，网络出售的钻石和实体店的钻石进行了激烈的竞争，有的还有线上和线下相配合的模式，其实这就是一种无形的推广活动，是让更多的消费者认识钻石和了解钻石的过程！

目前钻石的国际地位随着黄金的动荡而稳步提升，在具有借贷和购买枪械之外，钻石成为了不少投资商眼中的“避雷针”，在全球金融大背景下，投资钻石无疑是一种非常不错的选择，2009年，世界最大钻石产地博茨瓦纳宣布将大幅缩减钻石生产，减产幅度超过50%。而且一克拉以上的钻石以平均每年15% ~ 30%的速度稳步增长，尤其是彩钻尤为突出。

全球钻石毛坯产量在2007年首次出现下滑，但相反，钻石的消费需求在不断增长。美国目前仍是钻石第一消费国，但中国和印度的消费需求出现强势增长态势。英国钻石预测公司的研究数据表明，近些年，中印两国钻石需求量每年以14% ~ 20%速度增长，预计未来两年购买量还会增加 20%。

再者支持钻石涨价的还有一个原因是因为在二级市场的供应相当有限。人们往往倾向于把钻石留给下一代，而不是将它们卖出去。不像黄金市场会出现反复出货和吸货的现象。

迄今为止，全球仅有 27 个国家生产钻石，且分布极不均匀，只是产地几百年来仍然停留在非洲、澳大利亚和俄罗斯三大区域，没发现新的钻矿资源。

近半个世纪以来，世界上没有发现大型矿床，世界各大钻石矿产公司纷纷减产，减少供应。

在整个全球金融的大背景下，关于钻石消费在广大消费群体中也引起了不小争议，在百年的推广之后，钻石已经被全球广大喜爱钻石的消费者所接受，它不单纯只是作为装饰而用，同样是一个人身份、品位、地位、财富的象征。投资钻石让你拥有美的同时，将身份、品位、地位、财富都进行很好的展现，在现代爱情故事中也不缺钻石来点缀，借物传情的方式既含蓄又不乏浪漫气息。

最后和大家回到店铺中，不难发现，从过往的几年销售中去分析钻石，每批货品的价格较以往已经上涨不少，这正是钻石的本性所决定的，而黄金价格到现在为止又回到了 4 年前，这就是为什么选择良好的投资品种要不盲目地跟从。如果顾客现在花这个价格买，几年后这个价格是根本买不到的。所以说要让大家懂得钻石投资的重要性。

2. 钻石升值的原因

（1）资源短缺

包括矿床的资源短缺，近半个世纪以来，都没有发现新的钻石矿床。

（2）产量下降

矿产量下降，且认为永久性减产，包括博茨瓦纳的减产。

（3）供求关系

钻石需求量越来越大了。其中中、印两国的需求较大。

（4）成本上升

开采越来越困难，成本的提高、员工成本的提高、包括燃油等，都会增加开采钻石的成本。

（5）因为垄断

因为是垄断，不像黄金市场受政府干预，相对比较单纯，而且垄断导致价格持续上涨。

学习钻石投资是让更多的销售人员明白和顾客沟通的重点是什么？怎么样才能让顾客去认可钻石、消费钻石，想让我们的销售业绩倍增，做到以下几点：

① 坚持不懈的精神；

② 全面了解货品；

③ 耐心周到的服务；

④ 专业细致的讲解。

十一、大钻销售

大钻销售尤其是50分以上的钻石，在销售的过程中和十几分的钻石就不是一种感觉了。能消费50分以上钻石的人群，第一，有一定的经济实力；第二，肯定会提前关注、查阅资料；第三，已经有过对比，或者是对比过多家。这些都是购买大分数钻石的顾客特征分析，但是如何提升店铺大钻销售这就要我们来探讨一下。（接下来讲的钻石都是指50分以上的钻石）

1. 如何应对顾客

当顾客要看某一款式的钻石时，我们拿出货品的第一时间要报出此款式的产品信息，（如款式、钻石分数、钻石颜色、钻石净度）总之要非常熟悉柜台款式的产品信息，根据你产品的特点，进行有序的产品讲述。也就是说如果你的钻石颜色非常好，而净度不高的时候，你肯定要将颜色列在前面，进行重点塑造，净度放在后面。

2. 同等条件的钻石价格出现异议时

（1）每周一个价

接下来我们也要根据总公司给我们的指示进行调价，具体什么时候调价，还没有定。

（2）前款未调价

您看的款式是我们前期到的款，价格比较低，现在到的款式，价格都涨上去了，如果现在不买，等下次来之后发现如果调价了，比之前贵了，您说是不是现在买比较划算呢！

3. 不同级别，介绍不同

3.1 颜色

颜色 D：这颗钻石的颜色达到了 D，是所有颜色中最高的，再也没有比这个高的了，十分的稀有！ 其他品牌很少有这么高的颜色。

颜色 E: 这是性价比非常合适的钻石，在中国的最权威机构所出具的鉴定证书中把 D ~ E 列为同一个级别，而您花的钱却比 D 色要少很多。

颜色 F：您知道吗，在钻石的 100 个色级中 F 色是 98 色，在所有颜色中排第 3，是特别难得的！而且 8 是代表发的意思！

颜色 G、H: 市面上 I ~ J 色比较多，所以你应该适当多花一点点钱买一个级别比较好的钻石。而且 H 色是 96 色，6 代表事事顺利的意思。

颜色 I、J：您选的这颗钻石是所有钻石中性价比最高的了！在普通日光下根本看不出区别！而且这个级别的火彩是非常好的，所以聪明的顾客都愿意花同样的价钱买克拉重量更高的 I 色或 J 色的钻石。

颜色 K、L、M、N: 这是一颗非常具有增值潜力的钻石。以前这类钻石的价值被严重低估了。现在，越来越多的顾客喜欢带点颜色的钻石。因为钻石的火彩是橙色和紫色，带点黄色的钻石火彩会更好看。毕竟，我们喜欢钻石不就是因为它的火彩迷人吗?

3.2 净度

净度 IF：您看这颗钻石的净度达到了 IF，就是说即使是专家借助 10 倍放大镜也找不到瑕疵！属于极品钻石，再也没有比这颗更纯净更完美的钻石了！

净度 VVS：VVS 是目前在中国的最权威机构所出具的鉴定证书中最高的净度级别！全世界都找不到绝对纯净的钻石，它仅有非常非常微小的内含物，很珍贵的！作为首饰来佩戴，这个净度已经非常好了，您值得拥有。

净度 VS：这是一颗性价比非常高的的钻石！它有非常小的内含物，即使是专家借助 10 倍放大镜都很难找到。

净度 SI：SI 级别是目前国内市场上性价比最高的钻石了！它内部含有非常微小的内含物。对佩戴没有任何的影响！如果是购买同等价位的话，SI 的钻石可以选的分数更大。

作为我们销售人员，要理性地看待钻石净度的问题，因为现在的人们都在追求完美，如果是完美的那当然最好不过，但是很多人现在都是在盲目跟风，别人怎么样，自己就怎么样，一点都没有个性。同样花 6000 元钱，有人买 15 分 VVS 的。有人买 30 分 SI 的，从性价比来说，肉眼直观看到的是大小，而不是净度。净度是要用专业的仪器来检测，我觉得销售人员要给顾客理性引导，合理规划，根据自己的风格喜好，来选择一款适合顾客的钻石。

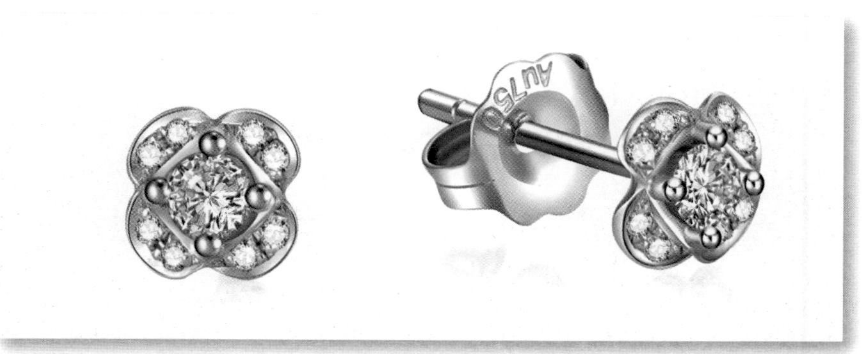

3.2 切工

切工 EX：这颗钻石的切工等级达到了完美，火彩是所有钻石中最好的！没有比这个更闪亮的钻石了！而且 EX 的切工还可以大大提升钻石的升值空间！

切工 VG：切工等级达到很好的钻石只占所有钻石的 15%，是非常珍贵的！

切工 G：您选的这粒钻石拥有非常标准的切工，是性价比最高的产品了！

抛光度：抛光度越好，钻石就越亮！就像咱们家里擦玻璃一样，会擦的，玻璃可以擦得特别亮，不会擦的，玻璃上到处都是印，对吗？钻石也一样，抛光度越好，钻石就越亮，火彩越漂亮！你要知道，只有真正专业的人才会告诉您这些的！钻石表面越光滑，代表抛光度就越好，钻石也就越亮！就像咱们的喷砂工艺和抛光工艺，亮度和光泽感是完全不一样的！钻石，我们买的不就是它的亮度嘛！

对称性：要使一颗圆形钻石的对称性达到最完美，是损耗非常大的一件事儿。比如把一颗椭圆形的钻石切成圆形，就要切掉很多多余的料，这也是为什么圆形钻比异形钻贵的原因。我想，很多人都不会告诉您这么专业的信息吧！

钻石的每个切面都像一面镜子，当钻石的切面整齐排列时，您会看到更加漂亮的火彩。如果切面不整齐，钻石就非常容易失去亮度。

4. 应对不同的证书

（1）NGTC证书（国家珠宝玉石质量监督检验中心）

这是我们国家最权威的珠宝鉴定证书了。在中国，当全球不同的鉴定机构所出具的证书有差异时必须由 NGTC 做最后的裁决。这张证书就像是这颗钻石的保险单，您根本不用为钻石的品质担心！而且对于国检证书的检测标准也非常严格，在同等条件下，NGTC 检测标准要高于 GIA。

（2）GIA证书（美国宝石学院）

GIA 证书是目前全球最权威的珠宝鉴定证书，它对钻石 4C 的评价结果被全世界所接受。全球的钻石交易都是以 GIA 的标准来衡量。您既然选择买这么贵重的钻石，就一定要配一个最权威的证书！不但保证钻石的品质也是今后升值空间的一种保证。

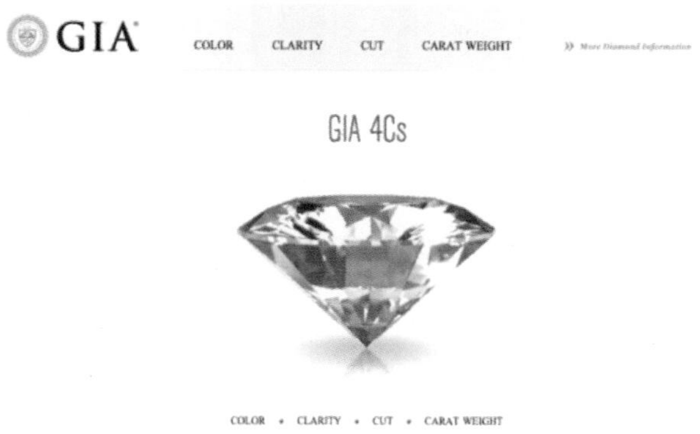

（3）HRD证书（比利时钻石高阶层议会）

全球圆钻最出名的切工地在比利时安特卫普，而 HRD 证书就出自安特卫普！

由于 HRD 对钻石的研究太透彻了，往往造成级别偏低的情况，而珠宝商在定价时却仍然依据级别定价，结果就是低估了钻石本身的价值，那么对您而言不就应该选择 HRD 吗？

十二、钻石销售话术

1. 第一部分 钻石的基础知识

● 钻石是世界上最为稀有的宝石，平均要开采 250 吨矿石才能得到一粒一克拉重的宝石级钻石，非常珍贵。

● 远在天地初开的时候，钻石便已在地球深部诞生了，大部分钻石形成于 30 亿年前，相当于地球年龄的 2/3。

● 一颗钻石从开采、分选、加工、分级、销售、到购买者手中，约涉及 200 万人，再加上钻石漫长的形成过程和其发现的艰难，天然钻石的无比珍贵也就不难理解。

● 钻石最早发现于印度，在公元前 800 年就有使用钻石的记录，同时印度也是最早开始切磨钻石的地方，是世界四大钻石切磨中心之一。

● 柱镶的钻石非常牢固，仅仅几个小柱，并不能挡住光的透射，透光性好了，自然钻石就显得明亮了，柱镶的钻石看起来特别显钻，让您戴出来很体面。

● 包镶是一种非常古老的镶嵌方法，包镶使钻石与金属融为一体，整体感强，包镶的钻石非常安全。

● 组合镶体现出钻石华丽与高贵，将钻石的时尚与魅力结合在一起，在佩戴的时候让您自信超凡。

● 单单一颗钻石的火彩就十分璀璨，当一群钻石镶嵌一起时就倍加光泽，让您有赏心悦目的感觉。

● 主钻配两颗小钻代表两情相悦。

● 主钻配四颗小钻代表生生世世。

● 主钻配六颗小钻代表事事顺利。

● 主钻配八颗小钻代表爱情事业双丰收。

● 主钻配十颗小钻代表事事如意。

● 主钻配十六颗小钻代表白头偕老。

● 主钻配三十二颗小钻代表永恒的约定。

● 10 分钻石象征着爱情十全十美，选择这枚钻石送给您的女朋友，代表您对她全心全意的爱，她一定非常感动。

● 13 分钻石象征一生，代表一生的爱。

● 0.25 克拉即是“520”，代表着我爱你，把它送给您的女朋友寓意深刻，能够无声地帮您说出您的爱意。

● 27 分代表着“爱妻”，同时也证明了您对妻子永恒的爱。

● 30 分大小的钻石已经具有一定的保值价值，同时象征两位前生、今世、未来的爱，不受时间和空间的限制，直到永远。

● 50 分钻石极具收藏价值，具有保值升值的空间。寓意“你是我的另一半”，表达您与爱人相伴一生、白头偕老的美好愿望。

● 1 克拉大小非常难得，保值及收藏价值非常的高。寓意“您是我的全部”，代表了爱人百分之百的爱意。

● 俗话说的好：男人三件宝，钻戒少不了。

● VVS 的寓意又是“very 、very、shuai（帅）”，其实就是暗中告诉自己，戴这款戒指很帅。

● 钻石是世界上最传奇的物质，因此在社交场合，女性佩戴钻石可表现信心、突出个性，或者表达勇敢，也是事业成功的象征。这是自尊、自立、自强的表现，不只是装饰文化，而是职业女性的一种完美状态。

● 心形的钻石象征着幸运和温和；圆形的钻石代表着热情、智慧、可靠而易于满足；方形的钻石代表典型的严谨、稳重、有条不紊的生活状态；橄榄形适合于真诚、果断、具有强烈自我意识、丰富创造才能的人佩带；梨形钻石表达的是渴望体验新生活、勇于挑战新事物，理性与感性兼顾的特质。

● 很多人相信爱神丘比特的箭头正因镶有钻石，才具有征服爱的魔力，所以选择钻石作为定情信物再合适不过了。

● 年轻人选择钻石来作为他们定情或新婚的见证，通过钻石的完美及永久来祈望他们的爱情美满及永恒；年长者喜欢选择钻石来纪念金婚，通过钻石的永恒来表明他们经过漫长岁月考验永生不变的爱心。

● 能够拥有一颗代表永恒爱情的钻石，是每个女人的梦想，所以您给她选的这款钻戒，她一定会喜欢的。

● 钻石是世界上最昂贵的宝石。它象征的是一种爱情之火生生不息，生命之美绵绵不绝，它给人们留下美好的回忆。人们购买钻石就是购买一个梦、一个理想、一份情。

2. 第二部分 钻石寓意与文化

① 古希腊人相信钻石是陨落到地球上的星星碎片，甚至有人认为钻石是天神滴落的眼泪，或者是由天水或天露而来。在梵文中，钻石一词即为雷电之意，借以表达钻石由闪电而生的信仰。直至今日现代科学的发展才告知人们钻石并不是由天而降，相反而是破地而出的。古人还相信钻石会生小钻石，连著名的科学家波义耳 (Robert. Boyle，1627 ~ 1691) 也相信此种说法。

② 罗马人相信钻石具有战胜邪恶的力量，在远古时代，钻石是被用来当护身符挡住邪恶的恶魔。

③ 更多人认为钻石是天使的眼泪。当天使们被凡人的爱情所感动时，从天上掉下来的眼泪，幻化成一颗颗闪亮的钻石。

④ 中国的说法是：在古代，君王宠幸过妃子，便给她一枚银指环作凭证，当她产下孩子后，再换成金指环。后来普通人家也以指环作为婚姻的凭证，渐渐演化为婚戒。

⑤ 在古埃及象形文字中，圈环表示“永恒”，之后戒指也有了“永恒”的意义。

⑥ 钻石——金牛座的象征。

1278 年西班牙学者通过对古代巴比伦文化的研究发现，古代巴比伦人认为，钻石为双子星座的第三面目，也视其为金牛座的第一象征。佩戴钻石者好猎，技艺精湛，受人敬重。当土星行到这个位置，适时上升，与月亮成 60 度或 120 度时，佩戴者身穿盔甲，肩背弓箭，神力倍增。

⑦ 古埃及时代，订婚和结婚戒指都算是一种契约，当男子给女子戴上戒指，就表示她就是我的人了。

⑧ 埃及人相信无名指的血脉通往心房的爱情之脉，而心脏就是爱情的领土。所以婚戒要戴在无名指上，象征着爱情的火焰像钻石一样生生不息。

⑨ 按基督教的习俗，钻戒应戴在无名指上，据说是因为神父用戒指按顺序轻触新人的食指、中指、无名指，并说“奉圣父、圣子、圣灵之名”，最后正好落在无名指上。

⑩ 钻石魔力和宗教传说。

净度：古人视钻石为最纯净之物，许多文明者认为唯有肉眼看不见内含物的钻石，才有价值，带有“瑕疵”者，代表厄运。

颜色：无色透明的钻石代表纯洁。

外形：完好的八面体原石是自然界中最完整的物体，它象征着秩序、祥和。

亮度和火彩：无色透明，结晶良好的八面体钻石，即使不加切磨也可展露良好的亮度和火彩，因此钻石被视为明亮的象征。

硬度：战士和魔术师认为钻石的坚硬是无法征服的象征，哲学家认为其意味着人类生命深不可测的奥秘。

⑪ 哲学家柏拉图有句话："钻石是一种生命，它是天意的化身。"钻石是最美丽的宝石，所以 13 世纪法国颁布法令，只有国王和圣母被允许佩戴。

⑫ 据说爱神丘比特的箭头正因为镶满了钻石，才具有征服爱的魔力。有一个年轻的女孩，跟一个年轻的男孩，有一天爱神丘比特射中了，从此他们幸福地生活在一起。

3. 第三部分 钻石投资

（1）资源短缺。

包括矿床的资源短缺，近半个世纪以来，都没有发现新的钻石矿床。

（2）产量下降。

矿产量下降，且认为永久性减产，包括博茨瓦纳的减产。

（3）供求关系。

钻石需求量越来越大了。其中中、印两国的需求较大。

（4）成本上升。

开采越来越困难，成本的提高、员工成本的提高、包括燃油等，都会增加开采钻石的成本。

（5）因为垄断。

因为是垄断，不像黄金市场受政府干预，相对比较单纯，而且垄断导致价格持续上涨。

4. 第四部分 大钻话术

颜色 D：这颗钻石的颜色达到了 D，是所有颜色中最高的，再也没有比这个高的了，十分的稀有！ 其他品牌很少有这么高的颜色。

颜色 E：这是性价比非常合适的钻石，在中国的最权威机构所出具的鉴定证书中把 D ~ E 列为同一个级别，而您花的钱却比 D 色要少很多。

颜色 F：您知道吗，在钻石的 100 个色级中 F 色是 98 色，在所有颜色中排第 3，是特别难得的！而且 8 是代表发的意思！

颜色 G、H: 市面上 I ~ J 色比较多，所以你应该适当多花一点点钱买一个级别比较好的钻石。而且 H 色是 96 色,6 由代表事事顺利的意思。

颜色 I、J： 您选的这颗钻石是所有钻石中性价比最高的了！在普通日光下根本看不出区别！而且这个级别的火彩是非常好的，所以聪明的顾客都愿意花同样的价钱买克拉重量更高的 I 色或 J 色的钻石。

颜色 K、L、M、N: 这是一颗非常具有增值潜力的钻石。以前这类钻石的价值被严重低估了。现在，越来越多的顾客喜欢带点颜色的钻石。因为钻石的火彩是橙色和紫色，带点黄色的钻石火彩会更好看。毕竟，我们喜欢钻石不就是因为它的火彩迷人吗?

净度 IF： 您看这颗钻石的净度达到了 IF，就是说即使是专家借助 10 倍放大镜也找不到瑕疵！属于极品钻石，再也没有比这颗更纯净更完美的钻石了！

净度 VVS： VVS 是目前在中国的最权威机构所出具的鉴定证书中最高的净度级别！全世界都找不到绝对纯净的钻石，它仅有非常非常微小的内含物，很珍贵的！作为首饰来佩戴，这个净度已经非常好了，您值得拥有。

净度 VS： 这是一颗性价比非常高的钻石！它有非常小的内含物，即使是专家借助 10 倍放大镜都很难找到。

净度 SI： SI 级别是目前国内市场上性价比最高的钻石了！它内部含有非常微小的内含物。对佩戴没有任何的影响！如果是购买同等价位的话，SI 的钻石可以选的分数更大。

切工 EX：这颗钻石的切工等级达到了完美，火彩是所有钻石中最好的！没有比这个更闪亮的钻石了！而且 EX 的切工还可以大大提升钻石的升值空间！

切工 VG：切工等级达到很好的钻石只占所有钻石的 15%，是非常珍贵的！

切工 G：您选的这粒钻石拥有非常标准的切工，是性价比最高的产品了！

抛光度：抛光度越好，钻石就越亮！就像咱们家里擦玻璃一样，会擦的，玻璃可以擦得特别亮，不会擦的，玻璃上到处都是印，对吗？钻石也一样，抛光度越好，钻石就越亮，火彩越漂亮！你要知道，只有真正专业的人才会告诉您这些的！钻石表面越光滑，代表抛光度就越好，钻石也就越亮！就像咱们的喷砂工艺和抛光工艺，亮度和光泽感是完全不一样的！钻石，我们买的不就是它的亮度嘛！

对称性：要使一颗圆形钻石的对称性达到最完美，是损耗非常大的一件事儿。比如把一颗椭圆形的钻石切成圆形，就要切掉很多多余的料，这也是为什么圆形钻比异形钻贵的原因。我想，很多人都不会告诉您这么专业的信息吧！

钻石的每个切面都像一面镜子，当钻石的切面整齐排列时，您会看到更加漂亮的火彩。如果切面不整齐，钻石就非常容易失去亮度。

NGTC 证书（国家珠宝玉石质量监督检验中心）：

这是我们国家最权威的珠宝鉴定证书了。在中国，当全球不同的鉴定机构所出具的证书有差异时必须由 NGTC 做最后的裁决。这张证书就像是这颗钻石的保险单，您根本不用为钻石的品质担心！而且对于国检证书的检测标准也非常严格，在同等条件下，NGTC 检测标准要高于 GIA。

GIA 证书（美国宝石学院）：

GIA 证书是目前全球最权威的珠宝鉴定证书，它对钻石 4C 的评价结果被全世界所接受。全球的钻石交易都是以 GIA 的标准来衡量。您既然选择买这么贵重的钻石，就一定要配一个最权威的证书！不但保证钻石的品质也是今后升值空间的一种保证。

HRD 证书（比利时钻石高阶层议会）：

全球圆钻最出名的切工地在比利时安特卫普，而 HRD 证书就出自安特卫普！

由于 HRD 对钻石的研究太透彻了，往往造成级别偏低的情况，而珠宝商在定价时却仍然依据级别定价，结果就是低估了钻石本身的价值，那么对您而言不就应该选择 HRD 吗？

实战管理书籍

1.《中国珠宝导购员实战销售训练》

丁龙桃教练讲了 5 天的精彩销售技能课程，共 7 张光盘，两本书，它是一套汇集丁龙桃分析总结的上万个案例，并结合高级心理销售技能而成的终端珠宝销售技能训练教程。

2.《精英店长是干出来的》

由中国珠宝玉石首饰行业协会孙凤民秘书长，中国地质大学（武汉）珠宝学院杨明星院长，亲笔写序推荐的店长实战书籍。

珠宝业第一本店长行动手册，它见证店长成长，创造业绩奇迹！店长每天 27 项自检细节，每周、每月必检事项，规范店长每日、每周、每月的工作细则，提高店长的效率，明确店长的目标与思路，让店长工作得更省心省力！

3.《店铺业绩突破行动手册》

继《精英店长是干出来的》后，专门针对店铺员工使用的一套行动手册，它也是珠宝行业第一套最简单、最实用、最有效的店铺使用手册。

它是由三本行动手册组成。

《用心关注顾客》主要是有效管理店铺客流量状况的手册，清晰反映店铺客流与销售状况，帮助店长有效地管理店铺顾客与员工，提升顾客成交率，提升店铺销售。

《留住顾客的心》主要是针对重点意向顾客管理与追踪的手册，有效地抓住重点顾客，提升顾客的回头率、成交率与大单销售，大幅提升店铺销售业绩。

《用心成就梦想》主要是规范店铺日常管理的手册，真实反映店铺情况，提高管理效率，规避店铺问题，改善店铺氛围及员工关系。

既然是行动手册，肯定是需要终端员工们能把这套书籍的方法落实到行动中，坚持下去，不断学习、分析总结，才能真正有效！

4.《素转非销售技能》、《钻石应该这样卖》

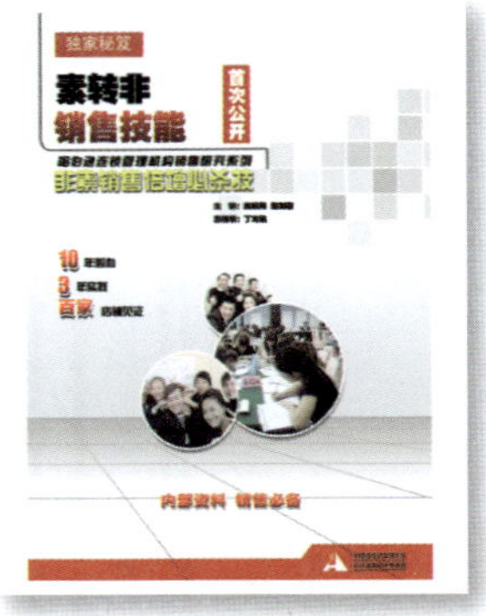

蕴含素转非技能、超导技能、经典话术、实战案例、特色训练等内容，倾力打造专业非素货品销售高手，大幅提升非素类销售业绩。

素转非销售技能又名非素销售倍增必杀技，而素转非是一种思维与概念，要多练习才有效。

专业销售顾问，不是顾客想买什么，而是我们挑选到适合顾客的商品。

5.《超导成长手册》、《骨干精英成长手册》

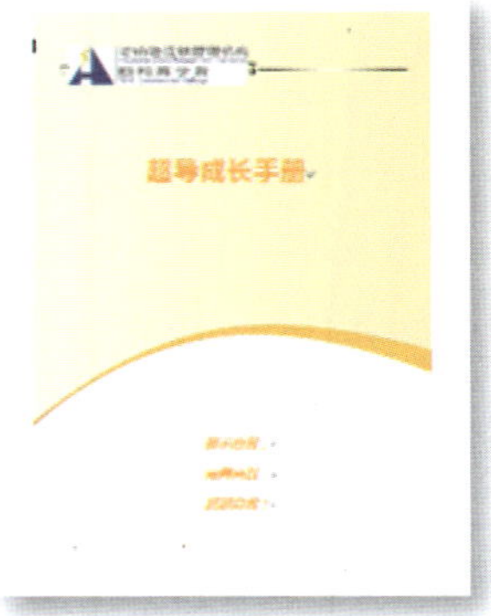

新员工一个月内成为超级导购的秘籍。包括《超导成长手册》和《骨干精英成长手册》，每天的工作事项和学习内容一目了然，让您见证成长足迹。

6.《未来属于谁》

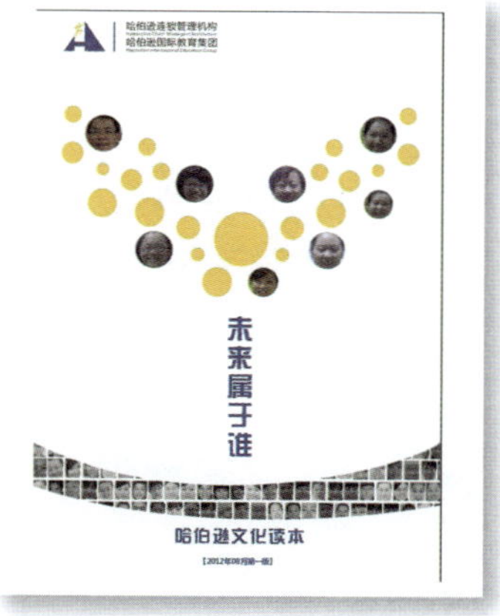

凝聚了丁龙桃教练十多年从业经验与教学心血，涵盖珠宝零售企业生存发展之现状及解决方案，通过讲述哈伯逊连锁管理机构的企业简介、战略方向、企业文化、核心精神与思想智慧，旨在推动企业的革新与蜕变，开启哈伯逊发展的新阶段。

7.《正能量·国学篇》

作为哈伯逊的文化读本，本书涵盖了儒家经典《大学》、《中庸》、《弟子规》、《三字经》以及道家经典《道德经》，接受中华民族传统文化的熏陶，从经典中汲取精华和获得智慧，学会做人做事，才能更好地履行哈伯逊“宣扬人文思想，倡导人文关怀”的使命。中华文化综罗百代，广博精微，国学经典中蕴藏着中国五千年历史中的智慧精髓，国学经典不仅是中国悠久传统文化的明证，也是每一个中国人的立身处世之本，更是我们不可或缺的精神力量。

8.《顾客服务本》

有效管理分析店铺货品接触率、保证货品安全，合理配置货品，从而提高货品周转率，并分析顾客情况，提升顾问成交率。

9.《梦想践行日志》

谨以此手册，献给奋斗在梦想道路上的伙伴！

素转非销售技能

珠宝业绩倍增秘籍Ⅱ

献给奋斗在珠宝店铺的精英们
谨以此书

◉哈伯逊商业研究小组 著

成都时代出版社

图书在版编目（C I P）数据

珠宝业绩倍增秘籍Ⅱ / 哈伯逊商业研究小组著. —
成都 ：成都时代出版社，2014.3

ISBN 978-7-5464-1105-7

Ⅰ. ①珠… Ⅱ. ①哈… Ⅲ. ①宝石－销售学 Ⅳ. ①
F768.7

中国版本图书馆 CIP 数据核字（2014）第 028684 号

珠宝业绩倍增秘籍Ⅱ

ZHUBAO YEJI BEIZENG MIJI Ⅱ

哈伯逊商业研究小组 著

出 品 人 段后雷
责任编辑 张 旭
责任校对 李 航
装帧设计 哈伯逊
责任印制 干燕飞

出版发行 成都时代出版社
电　　话 （028）86621237（编辑部）
（028）86615250（发行部）
网　　址 www.chengdusd.com
印　　刷 深圳市生元印刷包装有限公司
规　　格 889mm×1194mm 1/32
印　　张 6
字　　数 171千
版　　次 2014年3月第1版
印　　次 2014年3月第1次印刷
印　　数 1-10000
书　　号 ISBN 978-7-5464-1105-7
本套定价 980.00元（共两册）

本书若出现印装质量问题，请与工厂联系。电话：（0755）25949719

目录

哈伯逊商业研究小组介绍

丁龙桃

- 哈伯逊智业集团 总裁
- 哈伯逊人文教育基金创始人
- 国际注册企业教练（RCC）

丁龙桃教练多年来潜心于人文教育与珠宝企业连锁经营的钻研，融合行业特点与中西文化的精髓，率先将国际领域的人文技术及先进连锁管理模式引入珠宝行业，在珠宝行业全面导入人文思想、精细化管理模式、COACHING 教练技术、NLP 神经语言程式学等思想技术，不断提炼完善，并与实践相结合，构建成一套适用于珠宝企业的人才培养体系。

丁龙桃教练的足迹遍及全国 300 多个城市，深入国内各大中城市终端市场与店面调查、实践与体验，明察暗访上万家终端店面，分析总结提炼近百万字的成功与失败案例资料，不断归纳、提炼、总结出一套科学、实用、有效的管理模式及人文教育培训模式。工作之余，丁龙桃教练亦笔耕不辍，著有《真实的力量》、《其实你可以更优秀》、《中国珠宝导购员实战销售训练》、《精英店长是干出来的》、《店铺业绩突破行动手册》、《超导成长手册》、《未来属于谁》、《正能量 · 国学篇》、《梦想践行日志》、《顾客服务本》等书籍与音像出版物，另《珠宝企业生死出路》、《总裁重塑心灵》等书籍即将出版发行。

庞晓刚

- 中宝文化传播有限公司总经理
- 哈伯逊智业合伙人
- 金牌培训讲师
- 高级教练顾问
- 中国宝玉石鉴定师

庞晓刚老师现担任中宝文化传播有限公司总经理、金牌培训教练，拥有多年的终端销售管理经验，具有深厚的理论功底和丰富的实战经验，深度导入销售战术讲授，直接有效，结合案例演练激情幽默，强化互动体验，让学员通过切身体验和领悟主动学习，从而牢固掌握训练知识与技能要点。把理论教学与体验教学的结合点融入实战，让枯燥的教学变得轻松而易学。

庞老师曾为上百家珠宝店铺提供人员培训、销售指导、店铺管理等服务，解决店铺终端问题，赢得客户高度认可和一致好评。

赵加蓉

- 哈伯逊智业成都公司副总
- 哈伯逊智业合伙人
- 金牌培训讲师
- 高级教练顾问
- 实战销售专家
- NGTC宝石鉴定师

赵加蓉老师现担任哈伯逊连锁管理机构高级项目经理、哈伯逊事业合伙人，拥有NGTC宝石鉴定师资质，拥有十年珠宝终端销售管理经验，在行业内拥有实战销售专家美誉。赵老师专注研究终端销售业绩突破提升战术，实现店铺业绩超100%突破提升；从店铺业绩提升模式和情感化服务模式入手打造，让店铺在不经意间就轻松做到理想的销售效果。

从业期间，赵加蓉老师先后为上百家店铺提供培训咨询管理服务，以专业实战技能牵引管理，以情感性导入课程，善于调动服务对象理性与感性脉络，宣扬激情进取，同时又富有亲和力，赢得客户的一致肯定与好评。

詹晓航

- 哈伯逊智业合伙人
- 哈伯逊智业事业部经理
- 金牌培训讲师
- 高级教练顾问

詹晓航老师现任哈伯逊连锁管理机构高级项目经理，哈伯逊事业合伙人，是店铺销售管理的研究者、实践者和传播者。从终端基层的磨炼到公司管理层的修炼，沉淀了丰富有效的终端销售实战技能和管理经验。他致力于帮助珠宝店铺进行业绩提升，完善管理，从而推动店铺发展走向良性循环。其高度的敬业精神和丰富的店铺管理经验，获得各品牌客户的一致认同。

詹晓航老师足迹遍布全国各个地市，走过上百家店铺，为国内众多知名珠宝品牌进行过培训咨询服务，学员人数近万。在课堂上，他风趣幽默，妙语连珠，用理论与实际相结合的方式，让员工在轻松愉快的氛围中，掌握课程内容。

哈伯逊智业集团介绍

商业智库 事业平台
店铺托管 • 教育培训 • 管理咨询

哈伯逊智业集团成立于2010年，公司以“商业智库、事业平台”为核心战略，立足于解决零售企业的商业模式、管理模式与运作模式，推进珠宝企业的发展、转型与变革。

哈伯逊是“HAPASSION”的音译，HAPPY（快乐）与PASSION（激情）的缩写，“快乐激情、开放个性”是哈伯逊的核心文化理念。

哈伯逊率先在珠宝行业引入国际教练技术、NLP神经语言程式学、系统思考与精细化管理模式、“TOC”瓶颈管理理论、“港式”情感服务模式，并不断培育督导顾问、管理顾问、教练顾问、培训讲师、职业经理人、专家顾问等精英人才，致力于建立一个“自由、平等、公正、开放”的事业平台，通过旗下各大机构，为哈伯逊提供职业模式、事业模式、合伙模式、合作模式、投资模式等事业共享平台。

哈伯逊智业集团旗下机构有哈伯逊商业研究院、哈伯逊连锁管理机构、中国珠宝学习网、哈伯逊人文教育基金。

一、哈伯逊商业研究院

哈伯逊商业研究院是哈伯逊智业集团的高端智库，聚集各商业领域、学术机构及大学的顶尖专家、教授及权威人士，专注于商业思想、理念、模式与技术的研究，包括商业变革、商业模式、投融资模式、业绩模式、服务模式、人才培育模式等项目研究。

二、哈伯逊连锁管理机构

哈伯逊连锁管理机构是哈伯逊智业集团的全资子品牌，主要从事零售店铺托管、零售样板店打造、连锁管理模式构建、人才培育模式打造等服务项目。

零售店铺托管主要围绕哈伯逊“业绩突破模式、情感服务模式与店铺管理模式”的三大模式开展工作，支持零售店铺业绩、服务与管理等得到提升。零售样板店打造主要是为大型连锁企业提供打造样板店、设计标准、构建体系、培育人才、复制标准等服务。

三、中国珠宝学习网

中国珠宝学习网是珠宝业最大的第三方培训服务平台，主要为培训老师提供专业、贴心的服务，包括讲师培养指导、讲师宣传推广、课程推广安排及课程会务统筹等服务，同时为珠宝企业提供管家式的培训服务。在中国珠宝学习网，您可以全面了解到珠宝行业的优秀讲师、培训课程与课程排期等的详细信息。

四、哈伯逊人文教育基金

哈伯逊从成立之初就发起了“蓝丝带公益行动”，后升级为哈伯逊人文教育基金，主要从事人文教育慈善工作，主要项目有为中学捐赠人文图书或建人文图书馆，为大学作人文公益演讲。

绪　言

在利润额下滑的大市场背景下，如何提升有效利润额，成为了许多企业家们关心的话题。在 2012 年的抢金潮中，“中国大妈”已然成为这个社会主流抢金潮的代名词。为什么大妈抢购黄金，而非抢购珠宝呢？答案就在于黄金在中国有着根深蒂固的认识，但是真正作为首饰佩戴来说，它并非是首选材质。所以说，要想提升有效利润额，就在于我们怎么去引导顾客消费，而不是“诱导”消费，两者截然不同。讲到引导消费，就和我们的观念意识密不可分了，因为在传统观念里黄金的消费已经根深蒂固，要改变现有的观念并非一朝一夕的事情，作为朝阳行业，如何引领消费热潮，走在时尚前沿，不得不让我们深思。提高有效利润额、引领时尚只有靠我们每位同仁去努力。

讲到如何提升有效利润额的时候，就要把我们的话题再次转向一个词，叫做“转换率”。在“转换率”当中，如何让消费黄金的顾客通过引导从而消费珠宝首饰，这就叫做“素转非”。想要做好非素销售，必须知道两个概念：第一，什么是素转非；第二，为什么要做素转非。首先我们要理清楚“素”在我们这里指的是素金产品，也就是指黄金、铂金等以克重乘以金价销售相对利润较低的产品，“非”在这里是指除了素金类之外，相对利润较高一些的产品。当我们明白了什么是素转非中的“素”和“非”之后，我们还要思考另外一个问题，即“素”和“非”中为何还有一个“转”字，这就是整个销售重点的转移。那我们为什么要转呢？因为我们要提升店铺非素金业绩，从而提升有效利润额，让我们的利润最大化。

素转非销售技能又名“非素销售倍增必杀技”，而素转非是一种观念的引导，素转非的技巧要多练习才有效。

我们在全国讲授素转非课程的时候，有学员普遍会问我们，“你告诉我怎么让买黄金的人买钻石就好了，别讲太多，我现在就钻石卖得不好，你就告诉我一种方法，我要钻石业绩马上提升”。如果导购都不了解你自身的情况，就直接告诉你方法，结果就是讲道理，讲道理大家都会，我们要的是针对你的企业制定一套行之有效的素转非提升技巧及方案。其实，这就相当于病人看病，若病人肚子痛。医生问：“最近有没有乱吃东西？有没有受过撞击等等？”病人回答说：“别问我那么多东西，你就告诉我吃什么药就可以痊愈。”这样显然不能解决实际问题。

店铺业绩要想提升牵涉着很多因素，我们只有先了解情况才能做出相应的解决方案，而不是一种方法走遍天下。素转非只是销售技巧模块的一小块，一种特殊的方法，虽然可能比较有效，但不能把它当做包治百病的药。尽管经过五年的时间，我们在全国各地的实践检验，素转非都非常有效果，当然在每个地方使用的效果都各不相同。所以，我们不要想一种方法就能把素转非问题都解决。素转非它涉及到的内容会非常多，是一个体系的配合，它包括销售提成与薪酬结构，人员配置和销售技巧等等，它是一个综合体。例如，黄金柜算黄金柜提成，钻石柜算钻石柜提成，其中怎么做素转非？这个时候就要在薪酬或者是绩效上进行调整，如两者平均提，设小组搭配，让整个店铺通过制度的调整实行一站式接待，弥补原有制度上的缺陷，通过绩效的激励，让大家都动起来，从而提升非素金业绩。

提升店铺业绩的关键要素：

一是客流量，二是成交率，三是客件数，四是件单价。

其实，在很多时候导购员对于钻石等非素类产品的销售没有概念、没有意识。虽然知道是要卖钻石，但是都在等着顾客自己上门来买，顾客买什么，就卖什么给顾客。

那么，你说素转非就会所向披靡吗？一出手就成功吗？我们所认为的素转非也并没有什么独门秘方，只是很多人没有习惯而已。很多方法和技巧都是得慢慢养成习惯，只要一直坚持下去，就一定会有成果。

哈伯逊连锁管理机构做事情有三个原则：第一是自愿，我愿意在这里工作；第二是敢于面对事实，错了就改正；第三是遵循天道，天道就是该做什么就把什么做好，一直坚持下去，只要不出现天灾人祸，就一定有收获。

中国珠宝学习网也一直贯彻的是复杂的事情简单化，简单的事情重复做，当成功来临的时候你挡都挡不住。

据多座城市调研数据得知，在柜台站位分布上面，黄金柜台依然是主导，甚至是在节假日全部站在黄金柜，珠宝柜台通常是空无一人。如果你问黄金柜台的导购员："为什么你要站在黄金柜台而不是钻石柜台呢？"销售人员的回答竟然是："购买黄金人多需要帮忙，而且黄金好卖！"如果销售人员本身都是这种想法，珠宝还能卖好吗？

所以，意识形态和重视程度决定了我们能不能做好珠宝销售，如果连我们自己都不重视珠宝，不接受珠宝，就是把它摆在柜台很多年也会无人问津，更谈何业绩提升？

第一章

意识形态修炼

意识形态修炼

● **意识好比我们的内功，意识的强弱直接反映出销售业绩的高低。**

中国武侠功夫讲究的是由内而外，内外兼修。武林至尊往往是从一个文弱的书生或是一介平民，到最后成为武林掌门，比的就是深厚的内功。内功修炼的高低，直接反映出武功的高低，所以素转非内功的修炼也就是我们的意识形态修炼，这同样也反映出我们销售的时候能不能成交的关键。

我们对于意识形态的修炼分为：

第一节： 条件反射
第二节： 认可
第三节： 熟能生巧
第四节： 试戴
第五节： 不抛弃、不放弃

第一节：条件反射

原来不能引起某一反应的刺激，通过一个学习过程，就是把这个刺激与另一个能引起反应的刺激同时给予，使它们彼此建立起联系，从而在条件刺激和无条件反应之间建立起的联系叫做条件反射。

● 案例（被动型顾客）：平时当顾客进店时，由你接待，你会怎么说？

场景一

导购：您好，今天想选点什么呢？

顾客：我随便看看。

导购：哦，好的，这边是钻石，这边是彩金。

通过这个案例可以发现，我们的珠宝柜台销售人员对于顾客第一时间的招呼引导就出现了问题。我们在讲问话技巧的时候说过，问问题要问简单的封闭式问题，也就是二选一问题，这位销售人员一上来就问了一个开放式问题，“今天想选点什么呢”，也就是给后面顾客说“随便看看”埋好了引线，当顾客说出“我随便看看”也不足为奇了。所以我们在这里讲的素转非的条件反射引导训练话术的原则是，首先问问题尽量要问二选一问题，其次是问题的话术引导，“您想看一下钻石还是彩金”，通过一个二选一问题，让顾客做出简单选择即可。当下次有顾客进店，迎宾的销售人员上前询问，“您好，请问您是看一下钻石还是彩金”或者“您好，请问您是看一下钻石还是翡翠”。这就是条件反射。

●思考：

如果你问顾客“您是想看钻石还是彩金”，但顾客没有按照你的引导回答，而是回答“我要看黄金”，怎么办？

如果你当时突然愣在那里或者是和顾客说“您要不先看看钻石、翡翠吧”，当你还在为这个问题纠结并且想做出回答，甚至是在思考老师这个问题有没有教的时候，其实你没有发现顾客已经从你脸上读出了你内心的真实想法，销售的最高境界就是在销售自己，对于你自己来说，你的表情、言语、肢体都是在传达你内心的真实想法，所以你如果一愣、脸色一沉或者不让顾客看他想要看的商品，顾客很快就对你不再信任，现在的顾客非常聪明，很快就读懂了你想说的一切……

其实回答很简单，“您是看黄金是吧？这边请！”

为什么你们家只卖一些珠宝类的小单，为什么别家店铺的珠宝卖得要比自己的店铺好，如果当顾客有买首饰这方面的需求的时候，第一个想到的是你的店铺、你的品牌，这很好，表明你已经成功了第一步。但如果顾客进店都是买的黄金，而对你的店铺的珠宝连看都不看，这就存在很大问题。第二步就要想一想，顾客能不能在买珠宝的时候想起的是我的店铺、我的品牌，来买黄金首饰的时候能不能看一看我们的珠宝产品，这是每一位同仁要去思考的问题。

条件反射，就是给顾客第一时间一个观念的引导，让顾客知道我们店里有钻石、彩金、翡翠、彩宝，你可以通过二选一的问题来问，这次顾客有可能是来选黄金的，通过你的引导，让他知道你们这里还有钻石、彩金、翡翠、彩宝。下次能来你这里消费珠宝类货品，你就成功了。总之，在刚开始的问话引导阶段就不要提黄金了。

● **案例（主动型顾客）：平时当顾客进店时，由你接待，你会怎么说？**

场景二

导购：您好，欢迎光临。

顾客：我想看一下你们这里的手链。

导购：手链是吧？黄金手链这边！

从这个案例里面我们可以看出两个关键问题点，总结后得出，第一是导购自己非常喜欢黄金，第二是她平时卖黄金也比较多，对于黄金比较了解而且自己卖黄金已经养成习惯。

案例后续

顾客：我找彩金手链。

导购：你找彩金（非常迷茫地看这顾客，而且声音拉得很长，用非常不可思议的眼神看着顾客）？

顾客：怎么？不行啊？

通过案例的后续我们发现当我们的销售人员对自己的货品不熟悉甚至是不了解的前提下销售就会出现瞬间无助情况，立即会招呼同伴或者是店长帮助。当出现我们的销售人员都觉得不可思议时，就像案例里面讲的一样，试问一下大家，如果顾客真是来买珠宝的，但我们的思维意识里面都以为顾客只认黄金，她就是来买黄金的，单凭着这种观念去销售，那么最终只能是卖现有的黄金货品，珠宝就会成为黄金最昂贵的陪衬。

思考：

你在负责迎宾接待的时候，顾客主动告诉你，她是想看手链的，但是没有告诉你具体的材质时，你会怎么引导她？

你会不会脱口而出，“您是想看黄金的还是铂金的”或者是“您是想看黄金的还是彩金的”。为什么我们的销售人员都会第一时间把我们的黄金拿出来引导呢？为什么不是我们的珠宝首饰？

一个店面销售团队的好坏，直接关系到店铺业绩的高低，一个销售人员的销售技能，直接关系到这一单成交的是什么，或者是能不能成交，好好去考究。

回答：“钻石手链，这边请！”或者“彩金手链，这边请。”

当顾客再次提出不看钻石或者彩金，要找黄金或者是铂金手链时，问题就回到了场景一当中，回答和引导自然就好。

我们的意识必须够强烈，俗话说：只要功夫深，铁杵磨成针。而且面对顾客的时候必须迅速挖掘顾客的需求，通过顾客的言行举止进行初步判断，作出适当的应对。

当顾客来到店里想看黄金、铂金等素金类货品时，从销售一开始，销售人员的思维意识就要做到条件反射式的：顾客来到店铺不一定就是来买黄金的，还可能是买钻石、翡翠、K 金等非素类货品。

你有什么样的意识，顾客就会有什么样的反应，这是我们全国这么多家店铺论证过的事实，在终端，有很多迎宾人员一开口就说，“先生您好，欢迎光临！某某珠宝，请问您想看哪方面的货品呢？”

不难发现当我们问的问题是开放式问题，顾客就会用开放式的形式来回答，通常会说：“我随便看看。”这句话也是困扰全国销售人员的一句话，举个生活化的案例，你去你朋友家做客，当她在不了解你的口味喜好的时候，她问你今天想吃点什么？我想这时你已经有答案了，“随意吧”。

所以，条件反射就要从当下开始改变。当顾客来到店铺的时候，导购就要问：“先生，您好，欢迎光临！某某珠宝，请问您是想看钻石还是翡翠？（或者请问您是想看钻石还是彩宝？）”从顾客进门开始，导购就要开始引导顾客，而不是被动地让客户牵着你的鼻子走。

重点是给顾客印象我们有钻石、翡翠等货品。这个观念引导非常重要，如果你问她请问您是想看钻石还是翡翠？顾客的回答是看黄金，那迎宾人员可以直接说：“黄金，这边请！” 我们要先让顾客进入店铺，而不是让她反感你，并且我们在说的时候一定要面带微笑，做到亲切招迎，因为意识的强烈不是强加在顾客的身上而是发自我们的内心！ 这也是内功修炼条件反射够强烈的核心所在。

第二节：认可

这是一个心理学名词。指体认与模仿他人或团体之态度行为，使其成为个人人格一个部分的心理历程。亦可解释为认可赞同。

- **发自内心地认为珠宝类首饰比素金类首饰好。**

我们经常讲到，在顾客消费的时候我们要给顾客一个正确的引导，引导需要什么？那就是话术，但是我们来看看这个话术为什么有的人说得就非常有感觉，为什么有的人说完顾客一点反应都没有，甚至有的顾客为此反感至极，导致再也不会光顾我们的店铺。

对此我们要看清楚问题出在哪里了？真是出在顾客的个体化差异上面吗？不见得，因为在看顾客个体化差异的同时，我们也要看看销售人员的个体化差异，正是因为这些差异才有可能发生我们在前面提到的顾客反应。

我们来说一个现象，店铺柜台缺货了，我们填写了补货单，货品如期到来，上好货后，大家会不约而同地来到柜台前，去近距离地欣赏一下这次来的货品，甚至是有的人在上货的过程中就已经近距离欣赏过了，每个人在近距离欣赏的过程中会给这次来的货品一个定义，定义什么呢？

- 找有没有新款？
- 上次缺的货有没有来？
- 顾客订的货有没有到？
- 有没有自己喜欢的？
- 看有没有独特款给老顾客打电话推荐的？
- 检查有没有变形、印记不符的？

我们就拿其中的一个来说，就是找有没有自己喜欢的？如果这次来货中有自己认可并喜欢的，你会奇怪地发现，这件货和其他货品相比，这件货会先被卖掉，看到此处时，请问你有同感吗？

我想做过销售的都会有这种类似的事情在自己身上发生过，因此我们要去剖析它为什么就比其他货品卖得快呢？这是一个非常奇妙的现象，值得我们去思考它。

因为你认同这件货，所以你就不反感；正是因为你不反感，所以你比平时多了一份自信；正是因为你多出来的自信，所以让你说话会更有底气；正是因为这种给顾客的说话的底气，所以给顾客的感觉就是物超所值！这就是整个现象的剖析，我们回过头来看这个现象，其实归根到底就是从你的内心世界反映出来你对这件事物的真实看法，我们不难看出，都是一件事物，但是在每个不同的个体上的表现和表达，差异都是非常巨大的，所以我们要说的就是让这一个个不同的个体怎么才能去认可一件事物，只要是自己认可了，后面的心理反应和语言表达都会在微妙间产生变化。

与这个现象恰恰相反的是当有一件货品来到柜台后被发现其丑无比，从一开始就被否定了，不被认可，更不要谈美还是不美，当导购自己否定后，心里就会产生一种潜在的思维“这么难看，谁要啊？”有没有想过，我们的设计师在货品设计和研发阶段花费了多少心思，生产师傅花了多少汗水才完工的，但是不管怎么样正是因为我们自己的不认可，所以这样的货品在柜台摆放少则数月，多则几年都不曾被卖出，当我们之前忽视“认可”这个词的时候，殊不知它已经影响了千千万万的一线销售人员，记住，这个词在珠宝销售中是非常关键的。

怎么样才能让我们的销售人员发自内心地认可我们的货品呢？首先是让我们的销售人员自己要非常喜欢，其次是怎么让顾客喜欢上我们的货品首饰呢？这值得深思！

我们就举个恋爱的例子，假设想让一位单身男性和一位单身女性恋爱最后走入婚姻的殿堂，来看看他们怎么样才有可能在一起，而不会像大漠里的两粒沙子，相逢都难。首先满足的第一个条件是一次邂逅，因为他们是两个陌生的个体，想要在一起就必须满足这个条件，不管是上天的安排还是缘分的巧合，当两个人刚一认识就走进婚姻的殿堂有点不太符合常理，但是不排除。认识了之后是不是要在一起交往一段时间进行彼此的相互了解？那是必须的，知道彼此的基本情况，哪里人、家住哪、性格特点、兴趣爱好、个人喜好后，看看两个人在一起适不适合，最后才能决定能不能走进婚姻的殿堂。

当这个非常生活化的例子呈现在我们面前的时候，我们结合销售来看一下，因为要去认可一件事物，首先你要有一个先决的条件就是接触。接触有声音的接触，听朋友说过还是听同事说过；有图像接触，在杂志上见过还是报纸上见过；还有我们的实际面对面接触，朋友戴过还是家人戴过。都要有一个接触的过程，有了接触后接下来就是了解的过程，了解货品的基本知识、产品寓意及其他本身的文化。最终要看自己是不是真心的认可，假装是起不了根本作用的，因为假的永远真不了。

讲到认可我们就谈谈“**接触**”这个词，不要小看这个词，如果没有接触珠宝能卖好珠宝吗？想必难！我们的销售人员有时候即使站在珠宝柜前，自己身上也戴着黄金饰品，你觉得合适吗？

在我们课程中，经常会现场调查学员身上首饰佩戴情况，经调查发现有至少 20% 的学员戴了黄金首饰。若我们自己的销售人员站在珠宝柜台，反而戴的是黄金首饰，你在做素转非的时候说：“大姐，您买钻石吧，钻石挺好的。”顾客说：“那你怎么不买钻石而戴的是黄金呢？”销售结果可想而知。

从现在开始，想要珠宝卖得好，将你们的黄金首饰在上班期间收起来，下班怎么戴都可以，上班就不要戴了，要想素转非，首先所有的人不能戴黄金首饰上班，要么戴钻石，要么戴 K 金，要么戴翡翠。我们有位优秀的老师，她到哪里服务一旦发现有员工戴黄金饰品，就先让她们在自己的店铺买钻石或 K 金戴上，无一例外。

你想卖好珠宝？想素转非？就在上班时间立刻摘掉你自己身上戴的黄金首饰。从此时此刻起发自内心地认为珠宝首饰比素金首饰好，只有当自己认可非素产品，在无形中才会提高销售激情。

万事俱备，只欠东风，说到非素金首饰比素金首饰好，到底好在哪里？

● **珠宝类首饰色彩搭配比素金类首饰好。**

为什么说珠宝类首饰比素金类首饰要好看呢？因为，首先穿衣打扮用首饰来点缀或者是装饰的话，要考虑首饰的材质及颜色和自己的肤色是否匹配。从佩戴效果上看，我们就举例说明。

拿钻石和黄金做比较，首先我们中国人是属于亚洲人，亚洲人有着黄皮肤，肤色本身就偏黄，钻石饰品由于其独有的火彩和白色的贵金属金托镶嵌而成，从肤色搭配上讲是非常合适的。如果是选择玉石搭配的话，因为玉质细腻而温润，会显得皮肤更加白皙，更加年轻时尚。而我们看看黄金饰品，由于它本身属黄色调，和我们的肤色又接近，属于靠色搭配，不能突显出首饰作为装饰其本身独特的装饰作用。尤其是皮肤本身暗沉的肤色，搭配黄金饰品会使皮肤看起来更黯淡无光泽。

请大家注意，我们这里讲的是首饰色彩搭配，没有贬低我们黄金的任何意思，我们在这里说的是黄金佩戴效果没有珠宝类首饰好，不代表黄金不好，因为我们销售的所有货品没有不好的，我们一定要从内心觉得佩戴珠宝类首饰就是比素金类首饰要好看，认可它。

●思考：

那 K 金不也是黄色吗！那是不是也与我们的肤色靠色了呀？

回答：首先 K 金市面上常见的分为单色、双色、三色。当彩金的颜色是两种或者两种以上的时候，就已经不存在靠不靠色了，因为两种颜色的组合本身就是一种色彩的搭配。

我们来看看单色的 K 金，首先我们来看一下 K 白，K 白本身颜色属于白色系，它本身就有提亮肤色的作用。

接下来看看玫瑰金，因为玫瑰金有着独特的红色，另外它和钻石又是绝配，所以配钻石吊坠戴更能突显它的美。

最后我们再来谈谈 K 黄，K 黄的颜色是由内而外展现的，由于配比了其他贵金属，颜色本身就提亮了很多。再者说，如果顾客只要喜欢黄金，但是黄金的款式不如意或者感觉佩戴效果不佳时，K 黄系列（如 K 黄戒指或者 K 黄项链）绝对是她不错的选择！

第三节：熟能生巧

心理学名词。指体认与模仿他人或团体之态度行为，使其成为个人人格一个部分的心理历程。亦可解释为认可赞同。

● **“人多聚财气，说多聚口才”。**

即使我们口才不好，话术不会，但只要天天练习，天天说，正如我们曾经说的一句话：“即使我们再笨，只要讲得多了，猪都能变成猪八戒了，都成精了。”这也许是一句开玩笑的话，但是我们要从这句话中读懂练习对于成功的帮助是无穷的，所以，我们要记得成功没有捷径，就是要多讲多练，熟能生巧。

在讲到话术的时候，就讲到了我们的语句，语句是由词汇组成的，如果当一个人在销售的时候说来说去就是那些话，什么好看啦，什么适合啦，这并不能激发顾客的购买欲望，因为我们的话术已经固化了，已经远远不能满足顾客在购物时的心理感受了，要想真正激发出顾客的购买欲望而且我们不**“词穷”**的话，就要有词汇量的储备。

当我们拿到现有整理好的话术（店铺总结或是服务机构提供）时，通过诵读很快转换成自己习惯的语言方式，如：称呼、语气轻重等等。目的就是让自己能够很自然地说得出，当我们把这些话术调整为自己的习惯语言的同时，还要将信息储备在自己的脑海中，每个人的理解能力是不一样的，初学者我建议采用背诵的方式，因为背会了，这时候你肚子里就有墨水了，你想说的时候就可以随时说出来，而不至于在想说的时候词穷了。

就算是平时倒背如流的话术，在你和顾客说的时候，你会发现第一次说的时候可能会脸红、羞涩，甚至忘词，这都是非常正常的现象，但是坚持每天说，每天练习，在接待顾客的时候，适合的场合就说这样的话术，久而久之，就会练就出口成章的本领。

第四节：试戴

体验到的东西使得我们感到真实，并在大脑记忆中留下深刻印象，使我们可以随时回想起曾经亲身感受过的生命历程，也因此对未来有所憧憬。

- **“试戴是为了提高成交的概率”。**

我们这里说的试戴就是一次体验的过程，当顾客想购买一件产品，来到你的柜台，隔着柜台玻璃欣赏你的产品，询问了产品信息后，知道了产品的基本信息和优点，接下来就是一个非常重要的环节就是让她体验。当前面的了解过程都非常满意，但没有让顾客体验到这件产品，有时顾客是不会购买的，没有这个体验的过程，后面的结果可想而知，有可能这一单就这样付之东流了，体验的重要性在这里不言而喻了！小到几十元的小百货，大到几千上万的贵重商品的成交很多都离不了体验，我们来看个现象。

“假如你今天正巧休息，想出去逛一下，来到了百货商场，商场正搞活动，商品琳琅满目，尽管在出发前就暗自告诉自己，今天就是出去逛逛不买东西，但当你逛着逛着发现一样商品进入了你的视线，询问了商品信息后，觉得款式还不错，价格也可以接受，这时你试穿或试戴后觉得挺适合自己的，原本今天不打算买的，结果觉得物超所值后就买了，这种现象在生活中比比皆是。

我们通过刚才这个现象，总结一下，我们每个人对于自己感兴趣的东西都非常上心，就算是今天没有带够钱，如果试戴后觉得真的是自己想要的，就会在大脑中留下非常深刻的印象，对这件产品有着极强的占有欲，如果是首饰，试戴后就算这次她不想购买，我想只要你跟进得及时，就会成功的。

所以在店里首先不要想我们的珠宝能不能卖出去，先给顾客戴上就算成功。可以沾点人气,人气沾多了我们的珠宝自然就会卖出去了。因此，在条件允许的前提下，我们都要尽量让顾客试戴，不试戴就不算成功。

第五节：不抛弃，不放弃

不放弃，不放弃什么？ 不放弃我们心中的信念、理想与追求、应该坚持的原则，以及为此付出的努力与拼搏，不放弃最后一刻成功的机会，不放弃任何成长的机会。不抛弃，不抛弃什么？不抛弃亲情、爱情、友情，和它们所带来的温暖与安全，不抛弃所有努力创造的一切。

最早这个词是在《士兵突击》里面听到的，许三多“不抛弃、不放弃”的精神感染着我们身边的每一个人，在当时大街小巷都在讲许三多精神，如果不抛弃不放弃是一种精神的话，我更觉得它是一种信念。

以下有两种情形，是我们经常遇到的。

第一种是在一单素金销售中，如果这个顾客当着你的面就回绝了你素转非的建议时，你没有被顾客的话语所打倒，你还能继续引导，在适合的时候继续给她介绍我们的珠宝首饰，前提是在顾客没有反感的前提下，再找找有没有机会，看看能不能再尝试一下，真正做到不抛弃不放弃，而不是把不抛弃不放弃的口号挂在嘴边，这时不抛弃不放弃就是一种信念。

第二种是我们在做素转非的建议后，顾客对珠宝非常感兴趣，但最后因为种种原因选择了素金，你的跟进就至关重要了，有时你可能为了一单珠宝销售而跟进很多次，甚至跟进了数月，不管跟进多少次，跟进多长时间，我们强调的就是不抛弃不放弃的这种信念。

不抛弃任何一个顾客，不放过任何一个机会。但很多时候我们第一时间就自我抛弃、自我放弃了。当顾客说不要看我们珠宝的时候，很多销售人员就会选择第一时间放弃。

信念是人生的支柱，是沙漠中的绿洲，是航海时的灯塔。
信念的力量在于即使遭受厄运，也能点燃希望的火炬。
信念的伟大在于即使遇到险境，也能扬起生活的风帆。
信念的魅力在于即使身陷困窘，也能保持高洁的品行。

不抛弃 不放弃

第二章

功力修炼

● 有了内功底蕴，功力的修炼可以让你炉火纯青。

功力的高低就取决于你在和武林高手过招时能不能占得上风，因为在有内功作为底蕴之后，个人功力的高低就是个人能力高低的体现。素转非的内功心法修炼完毕后，个人功力的加强就是取得素转非成功的关键因素，所以功力修炼已经迫在眉睫。十年寒窗是为得金榜题名，内外兼备可以让你在销售中如鱼得水。

对于功力修炼分为：

第一节：销售技能
第二节：熟悉货品
第三节：擅长引导
第四节：灵活应变
第五节：煽情高手
第六节：情感技能

第一节：销售技能

通过练习获得的能够完成一定任务的动作系统就是销售技能。技能按其熟练程度可分为初级技能和技巧性技能。初级技能只表示“会做”某件事，而未达到熟练的程度。初级技能如果经过有目的、有组织地反复练习，动作就会趋向自动化，而达到技巧性技能阶段。

讲到超导销售技能就是我们经常在超级导购大赛上面提到的，对于一名优秀的销售人员来说销售技能是非常重要的，它就相当于士兵手里的枪一样。不用销售技能，就等着顾客自觉购买，在现在市场竞争中，这种沉默不语的时代早已过去，我们如何用好销售技巧尤为重要。

在素转非销售技能中，问话技能是应重点强调的，因为一单销售中，了解顾客的需求是每个销售人员必须掌握的，不了解顾客的需求犹如盲人摸象。

在问话技能中我们这里提到的就是我们非常熟悉的“二选一”、“YES”问题，这两个问题已经在店铺指导和特训营中被反复强调，但是大家还是根据自己的习惯话术来问话，在前面我们已经提到过，导致我们在销售中丧失主动权，让顾客牵着我们走的情况时有发生，通过开放式问题和封闭式问题的交替询问，了解顾客的需求，利用封闭式问题中的二选一问题来有效地进行顾客引导，从而节省时间达到高效。

导：导购，顾：顾客（接下来案例同下）

导：您好，欢迎光临，请问您是看 K 金还是钻石？

顾：看黄金！

导：黄金这边请！请问您是自己戴还是送人呢？

顾：自己戴 。

导：您是选戒指还是项链呢？

顾：项链。

导：您是准备单独佩戴还是配吊坠戴呢？

顾：戴一套吧。

这就是一种很好的二选一问题的问法，尤其是用在顾客进店问的第一句话上，这种问法大大降低了顾客不作答或者说随便看看的概率。

通过 3 家珠宝专卖店在顾客进店时的问话统计平均数据得知，在顾客刚刚进店问的第一句话术中，用开放式问题和封闭式问题（二选一）的数据对比如下：

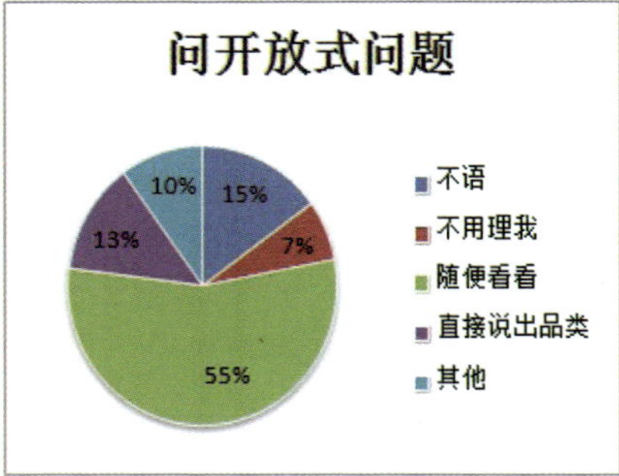

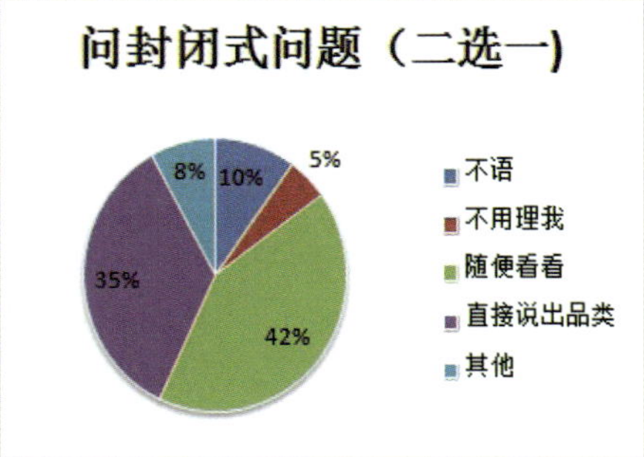

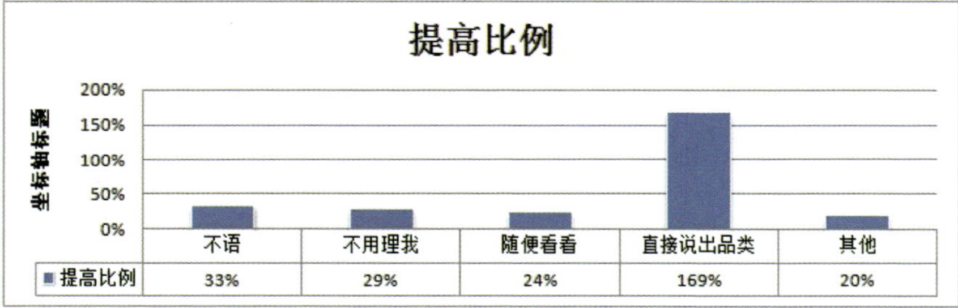

通过两组图形我们汇总得出的结论就是不管之前用什么样的问话方式，不管比例如何，通过问封闭式问题（二选一）来了解顾客需求比之前用开放式问题了解顾客需求的提升比率在一定程度上均有提高，对于不说话的顾客提升 33%，对于说“不用理我”的顾客提升 29%，对于说“随便看看”的顾客提升 24%，对于其他回答的提升了 20%，尤其是问封闭式问题（二选一）在顾客刚进店时就说出品类比问开放式问题提高了 169%，这是多么惊人的比例。

从这一数据上我们清晰地认识到，提高销售人员的问话技能是提升珠宝销售的前提条件。换句话说就是通过正确的引导，我们销售的成功率会大幅提高，如果在销售的过程中不去引导消费，顾客就会有这样或者那样的想法，我们的销售人员有时就会很被动，问话的主动权一直把握在顾客手里的话，我们的销售人员就会被顾客牵着鼻子走，记住，拿到主动权，学会问话技巧提升销售技能才是关键。

第二节：熟悉货品

知道和了解货品的类别、大小、数量以及适应的人群等。

从熟悉货品的角度来看，就好比是我们打仗时候熟知自己的弹药有多少？都放在哪了？一次战役之后要对弹药进行清点和补充，我的货品同样如此！

在做素转非的时候，如果你费了很大力气把顾客引导至珠宝柜台后发现你都不知道珠宝柜台有什么样价格的货品与之相对应，顾客很快就打消看珠宝的积极性，一旦顾客打消念头，再想恢复，恐怕是难上加难。

我们讲熟悉货品不单纯是了解素金的货品，珠宝类货品你也要非常清楚，就拿钻石货品的件数来说我们应该从哪些方面入手呢？

主石分数
- 10分以下
- 10～20分
- 20～30分
- 30～50分
- 50分以上

价位
- 1000～3000元
- 3000～5000元
- 5000～10000元
- 10000～20000元
- 20000元以上

指圈
- 11#以下
- 11#～13#
- 13#～15#
- 15#～17#
- 17#以上

主石镶嵌
- 爪镶
  - 4爪镶
  - 6爪镶
  - 8爪镶
- 包镶
- 迫镶
- 组合镶

仅了解这些还是远远不够的，除了知道货品的结构外，陈列的位置也要铭记于心。有时当我们同事之间的货品摆放比较随意时，货品的陈列位置就会出现变动，如果不及时放回原位或者及时补货，就会出现我们一开始提到的，当我们花费了很大力气把顾客带到珠宝柜台或者是想拿一款去和素金作比较时，发现找不到那款，这是非常尴尬的现象。

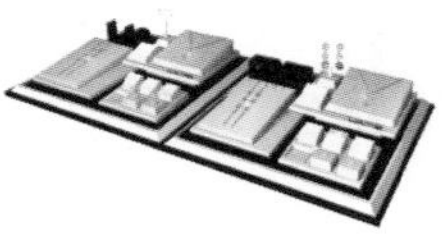

所以我们要熟记货品摆放的位置，为素转非做良好的铺垫。

第三节：擅长引导

广义上来说是指通过用某种方法去带动某事物的发展。

●所谓擅长引导，就是当顾客发现一些问题或者是产生异议的时候，我们的销售人员怎么进行正确的引导，而不是沉默不语。

●思考场景：

一位顾客看中朋友身上戴的一款黄金戒指，自己也想找一个一样的款式。

我想问问大家，这种场景在我们销售中是不是经常会出现，当出现这种情景的时候，我们到底该怎么去做，是帮她找一款来了了她心头的愿望，还是帮助她挑选到适合她自己的首饰？

这时候我们就要问问自己，戴在别人身上好看，是不是戴在自己身上也好看呢？答案是“不一定”，当别人戴着好看并不代表自己戴着也好看，只有选到适合自己的首饰才是重要的，所以当我们遇到这种情景的时候要善于引导才是关键！

回答：小姐，您的心情我们可以理解，我们自己有的时候也会这样，看着别人戴的或者别人穿的就感觉特别好看，可是当我们自己找到一样的或者类似的试戴才发现就不是那个味道了，总感觉别人为什么戴着或者穿着就好看，自己就戴不出或者穿不出那种感觉，我们买首饰同样也是这样的，要买就要买适合自己的，适合自己的才是最好的，要戴就要戴出自己的风格，您说对吗？

第四节：灵活应变

指适应时事变化，应付事态变化发展的能力。

有时在柜台顾客会问出一些非常刁钻的问题，甚至把我们的销售人员问得哑口无言，在这里我们要学会灵活应变，就像中国的太极一样，把一切问题都化于无形之中。

●思考场景：

你们都说钻石、K 金、翡翠好，那为什么你们还卖黄金啊？

当我们被顾客这样问到时，内心一定很纠结，因为我们在介绍钻石、K 金、翡翠这些珠宝类商品时，顾客是带着挑剔和警觉的意识和我们交流的，所以你说的每句话都会被她框起来思考，才会出现这种场景，对此我们要告诉自己这样一句话“一切正常”。

回答：小姐，您这个问题问得很好，您看看您的气质，不是每一个顾客我们都介绍给她珠宝的，您的气质适合戴珠宝，我们才介绍给您的，

有时候我们接触一些上年纪的顾客，我们介绍给她黄金戴，因为他们只适合戴黄金，我们的宗旨是帮助顾客挑选到适合自己的首饰，至于品类嘛都要有一点，现在很多年龄长一点的顾客都为了让自己变得年轻，黄金都不戴，都佩戴珠宝了呢！！

第五节：煽情高手

通过某种方式煽动他人的情感或者情绪。

在顾客挑选首饰的时候，我们的销售人员一定要懂得会用“煽情”这个词，因为它可以让顾客进行不断地联想，对我们推荐的事物充满美好憧憬，这就是煽情给销售带来的好处。

●思考场景：

当顾客选婚戒的时候，在犹豫买黄金戒指还是钻石戒指时，看看我们怎么煽情？

结婚对于女人来说是多么重要的事情啊，在婚姻的选择上是尤为谨慎的，在选婚戒的时候那同样不能马虎，但是在考虑到底要选黄金戒指还是钻石戒指的时候产生犹豫也非常正常，因为传统的思想一定是让她买黄金，但是现在的社会发展速度是过去的 10 倍，要是天天拿着过去的思想来活着，我想我们是无法进步的，戴比尔斯的广告语说得很好“钻石恒久远，一颗永流传”，我们选婚戒是一辈子永恒的纪念，从相知、相识，步入结婚礼堂，到白头偕老都是我们值得纪念的。

回答：小姐，您看您如果选择钻石，在结婚当天婚礼现场，在交换戒指的时候，司仪在您亲朋好友的面前请您的爱人用钻石般的永恒来证明他对您的爱，这时新郎单膝跪地将钻石戒指戴在您的无名指上，灯光、音乐，和您爱人的情意都随着钻石被您的亲朋一同见证，让您成为这个世界上，最美、最幸福的女人，您说您要不要买一枚钻戒结婚呢？

第六节：情感技能

情感是态度这一整体中的一部分，它与态度中的内向感受、意向具有协调一致性，是态度在生理上一种较复杂而又稳定的生理评价和体验。

情感技能的重要组成首先是情感，在销售中我们的销售人员要是付之情感就会和没有付出情感的销售业绩有很大的区别，因为人都是讲情感的，为什么人会笑，会哭？这都是情感的表露，如果你能用好情感这张牌，我相信不管你是在销售道路上，乃至人生道路上同样可以步履轻盈。

在讲到情感技能上，超导赞美技能首当其冲，因为每个人内心都是善良的，通过赞美说到她心里时，你会发现你的人际关系也好，销售也好，都会发生不一样的改变。

●思考场景：

当我们了解到一位女顾客是10岁孩子母亲的时候，我们应该怎么付之我们的情感呢？

当我们得知一位女性顾客，她已经是10岁孩子母亲的时候，我们不要吝啬自己的情感，在这个时候我们要用赞美之词来对这位身材保持很好的母亲予以肯定和认可。

话术：**姐，您孩子都10岁了呀，真不敢相信，您保养得真好，我们都非常羡慕！**

话术精选

① 您好，欢迎光临，请问您是想看钻石还是彩金？

② 小姐既然来就多对比一下，多看一下。

③ 买首饰就要试戴体验过了才知道适不适合自己，来，我来帮您试一下！

④ 钻石是女人最好的朋友，戴钻石就像带着您最好朋友一起出门。

⑤ 把女人打扮得更漂亮，才能更有女人味嘛。

⑥ 我觉得看您的品味、气质都不错，您的女朋友应该也很有气质吧。咱们戴首饰也不能比朋友戴的差吧，您可以比较一下，买不买没有关系。

⑦ 哎呀，美女您这个气质，皮肤底子这么好啊，这款手链正好和您的皮肤相配。

⑧ 您先试试看？ 反正试试又不要钱嘛！

⑨ 买不买无所谓，对比一下，感受一下。

⑩ 现在钻石已经非常受大家认可，不仅仅是钻石，彩宝同样非常受欢迎，您可以试戴一下，好不好，只有戴过了才知道。

⑪ 戴钻石，既能打扮自己又能引领时尚。

想成为战神吗？

我们常说站在黄金区的都是销售高手，她们不单纯只销售黄金，而且可以卖钻石、K 金、翡翠。

如果我们的销售人员都觉得黄金好卖，每次顾客一来都冲进黄金柜台，试问一下大家，我们的珠宝能销售得好吗？这个道理大家都非常明白，但是我们现在遇到的问题就是珠宝柜台经常会出现空岗，这种现象而且不单纯只是在一家店铺发生，如果天天都想着去卖黄金，我们怎么去做素转非？

我们山西一位客户经过流程改制，让珠宝区的销售人员纷纷潜伏在黄金柜台，看有没有机会素转非，化被动为主动，这一方法在当地取得了不错的效果。

在素转非销售过程中，如何让顾客心痒痒的，感觉她自己就适合珠宝首饰，及时地做素转非有效铺垫，让顾客在第一时间感觉好，而不是等到顾客都考虑清楚了，最后告诉你一句，“我再考虑考虑！”

黄金柜台的销售高手，需要做的事情不只是销售黄金，而且还肩负着素金和非素类货品销售的重任。因此钻石柜和翡翠柜销售人员的任务就是间接或者是亲自将黄金柜顾客带到珠宝区，最后通过团队配合最终达成交易。其实销售高手都是需要相互配合。

第三章

素转非六步法

素金转非素金六步法在最早又名"素转非之六脉神剑"，六脉神剑有六个步骤，每个步骤都有关键点，只有这六个步骤都打通了，才能练就素转非之六脉神剑。

素转非六步法是练出来的，而不是听出来的。从来没有天上掉馅饼的美事，努力与成就是成正比的。

有人看到这里的时候就觉得自己差不多了，感觉会素转非了，其实素转非看似简单，却有着非常缜密的流程，因为不管任何事物的发展都是有一个过程的，在这个过程中，我们取其精华把它形成文字，这就是底蕴，素转非的底蕴在于我们对于整个功力的修炼和流程的组织，让整个素转非过程做起来非常的顺利，而不会像过山车般跌宕起伏，这也就是素转非的魅力之所在。

在接下来的六步学习中，我们分为：

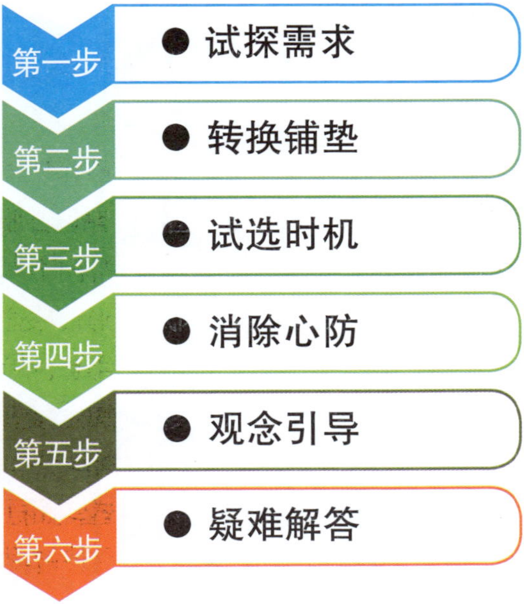

第一步：试探需求

需求，就其基本意义讲是需要与欲求的意思。需要是机体的一种客观需要，而欲求则是一种主观需要。

第一步试探需求，就是要求销售人员一定要在第一时间了解到顾客的真实需求，看看我们要了解哪些？

① 您买黄金用途？

送人的：什么年龄？喜好和体形？职业和身份？关系和想表达的感情？

自己戴：问二选一的问题弄清顾客风格？一般在什么场合戴？

② 您为什么考虑买黄金呢？

③ 想找个什么价位的呢？有没有预算，大概想找个什么价位的呢？

试探需求遵循销售五步骤的原则。

其实步骤①、③就是用问话来进行需求了解，我们这里讲的问话五步骤是指：

五步骤

- ① 类　别
- ② 用　途
- ③ 喜　好
- ④ 特　征
- ⑤ 价　格

●思考：

如果顾客主动说要找一款黄金戒指，但选了几个款式后发现没有喜欢的，我们的销售人员就会说，刚才那个挺好的呀，挺适合您的，怎么不喜欢吗？

在这里我要反问这位销售人员了，你知道顾客看的这个黄金戒指是谁来佩戴呢？自己？朋友？母亲？好像都不确定，当不确定的时候就一个劲地说这个好，那个适合，其实顾客心里早都有溜之大吉的意思，所以说我们做销售不要只顾眼前，要了解顾客的心理需求点。

① 运用各种提问来了解客户的需求。

要了解客户的需求，提问题是最好的方式。通过提问可以准确而有效地了解到客户的真正需求，为客户提供他们所需要的服务。

② 通过倾听客户的谈话来了解需求。

在与客户进行沟通时，必须集中精力，认真倾听客户的回答，站在客户的角度、立场尽力去理解对方所说的内容，了解对方在想些什么，对方的需要是什么，要尽可能多地了解对方的情况，以便为客户提供满意的服务。

③ 观察客户的非语言行为。

如果希望说服客户，就必须了解他当前的需求，然后着重从这一次的需要出发，晓之以理，动之以情。在与客户沟通的过程当中，可以通过观察客户的非语言行为了解他的需要、欲望、观点和想法。

总而言之，通过适当地询问，认真地倾听，以及对客户行为的细致地观察，可以了解客户的需求和想法，从而能够提出针对性措施，进行差异化的服务，最终达成交易。但要注意无论提什么问题都要顾及客户的感受，符合现场的气氛和情景。

案例一分析

首饰到底给谁戴?

导：欢迎光临，请问您是想看钻石还是翡翠?

顾：我想看黄金。

导：是给自己买还是给家里人买?

顾：给我妈妈买。

导：您妈妈是过生日吗?

顾：没有，我就是平常想给我妈买个黄金，一直没时间就没机会买。

导：您真孝顺，请问，怎么称呼?

顾：免贵，姓刘。

导：刘姐，您坐。刘姐，您看您这么有福气，妈妈应该也很有福气，身体健康。

顾：我妈妈比较瘦小，喜欢戴黄金。

导：您平时没给妈妈买过首饰，现在也是想实现个心愿，给妈妈买个首饰让妈妈开心，对不对?

顾：对。

导：妈妈还上班吗?

顾：没有，我妈是农村的，是农民。

导：农民把我们培养大，培养到这么漂亮，真不容易，真是可怜天下父母心，我相信您现在最大的愿望就是希望父母健健康康，您母亲多大年龄?

顾：60 了。

导：呀！没看出来。看您也不大，就 20 来岁，父母应该就 50 来岁吧?

顾：谢谢您夸奖，还真 60 了。

顾客是送人还是自己戴？喜好、年龄和体形，与顾客的关系和想表达的感情都要弄清楚。案例中顾客是买给妈妈的，平时戴，身体比较瘦小，一直以来都没有给妈妈买过东西，想完成一个心愿，母亲60岁，在家是位农民。这叫弄清需求，别着急。有的导购员一听是给妈妈买的，立即就推荐款式。

接下来到第二步，为什么考虑买黄金。

导：您为什么考虑买黄金呢？

顾：我们家是农村的，我爸我妈都喜欢黄金，觉得黄金值钱，是个好东西。

为什么买黄金，很多客人都会说："别人都说黄金好、别人都买黄金、黄金保值、黄金可以换钱、我就喜欢黄金。"说来说去基本就这几个原因，同样可以用到销售五步法。但是在这里我们先了解顾客买黄金的动机是什么？不要急于回答这个问题！

导：您是想选个戒指还是项链？

顾：戒指。

导：那想选个多少价位的？

顾：两三千吧，我能承受。

记住，导购一听到两三千的黄金戒指，你就要想到两三千可以推荐K金、钻石或翡翠。在现实生活中，60岁的人可能买钻石吗？ 太难了，这样就不要硬推钻石，可以推荐翡翠或者和田玉。

所以，有关价格环节很关键，您想买什么价位的？有没有预算？对于克重有没有要求？当客人说3000元的时候，你的出发点不是在想着黄金：

第一是在价格上让顾客有落差感；

第二是思考与之相对的珠宝有什么合适的。

关于价格，不管客人说了多少钱，自动加上500元。如果买3000元的黄金，如是加到3500元，顾客就会想这个钻石果然贵；这时，就要略低一点点，顾客要买3000元的，你就推2800元或者2500元的货品，一定不能超过3000元，否则顾客就觉得贵。

那2500～2800元要推什么货品？年轻人就推K金，订婚结婚就推钻石，中年人推彩宝、珍珠或翡翠，老年人就推翡翠、和田玉。

案例中的顾客要买3000元左右的黄金，这时就要推2500～2800元的翡翠，接下来就要开始作铺垫。

话术精选

1. 您买黄金是送人的还是自己戴呢？

送人的：

① 什么年龄？

② 什么喜好？

③ 体貌特征？

④ 从事职业和身份？

⑤ 想表达什么情感？

自己戴：

① 什么风格？

② 佩戴场合？

2. 您为什么要考虑买黄金呢？

3. 想找个什么价位的呢？

① 有没有预算，大概想找什么价位的呢？

② 对克重有没有要求和心里预算？

第二步：转换铺垫

指事物发展过程中的前期准备工作。铺，泛指铺张，即打开场面的意思，同时也表达欢迎的意思，比如为客人铺开红地毯。垫，其一与铺的意思相近但有所引申，如地方在欢迎帝王时，在其路过的地面以清水泼街、黄土垫道。其二，对基础的加高以满足某些条件的要求，包括物质的和非物质的条件的准备和积累。

（上接案例一内容）

导：姐，您看您这么用心给妈妈买礼物，一看就是个特别孝顺的人，我在这里工作 6 年了，很少见到一个女孩子在平常给妈妈选礼物，一般都是大寿或者其他一些特别有意义的日子才给妈妈选。平时一直有个梦想想给妈妈选礼物的，还真的是第一次碰见，您非常用心。

顾：谢谢，你真会夸。

导：这不是夸，这是说实话。一般都是买点吃的或买件衣服，很少有平时就想给妈妈买件首饰的。

顾：因为我妈妈特别喜欢黄金，我以前也没有钱给她买，现在手头上有点钱了，就想满足她这个心愿，买个黄金戒指。

导：妈妈有黄金吗？

顾：一直都没有。

导：也是以前条件不允许，确实挺不容易的。

赞美的铺垫

（1）赞美之送人

① 送人。

您真是非常有心，有您这样的朋友，真是有福气，我们看着都羡慕！

就好像案例一，就可以说：您这么年轻这么有心，看着您对父母这么孝顺，我们看着就羡慕。我看到很多女孩子给妈妈选礼物，有买吃的、买件衣服、买抱枕、买双鞋等等，而专门选首饰的我还是第一次碰到（千万不能说，像你这种女孩子很多）。

② 自己。

您真懂得生活，女人就是要对自己好一点，懂得疼自己。钻石是女人最好的朋友，女人就是要把自己打扮得漂漂亮亮，让自己有女人味一点。

③ 其他。

同样对于年轻、时尚、有气质、手、皮肤、穿衣打扮等都可以进行赞美。

话术精选

A：送人（男的单独来）。

a. 先生，您真有心，真懂得浪漫，您爱人知道了一定很感动！

b. 先生，是准备给她一个惊喜对吗？您挺浪漫的，真让人羡慕。

（铺垫时一要非常有情调、浪漫，二要有惊喜的感觉）。

B：送人（男女一起来）。

a. 先生，您对您爱人真好，亲自陪她挑礼物，我们看着都羡慕。

b. 先生，您真有心，她一定会被您的真心所感动的。

c. 您两位的感情真好，我们看着都觉得很甜蜜。

用自己的语言把话术运用得淋漓尽致，让顾客感动，有时候你还要做一些事情让顾客感觉到有一点点的不好意思。

话术是要循序渐进的，当你词穷时要会说："我和我老公都结婚这么久了，我老公都没有送过我这些东西。"说得越委婉越自然越好。正是因为你说得自然，所以顾客觉得他的举动是非常值得的。

（2）赞美之试戴

① 手指圆润。

a. 小姐，您的手很圆润，很有福气。

b. 小姐，您的手这么圆润，真是有福气，先生，这样的手是旺夫、招财的喔！

② 手指修长。

a. 您的手指真修长，我好久都没有见过这么美的手形了。

b. 小姐，您的手真好看，真是纤纤玉手啊！这么漂亮的手不戴颗美钻，那真是浪费。

（3）心理铺垫

① 送人。

a. 您朋友家里头有黄金吧！

b. 送礼可讲究了，一定要送人家没有的，送人家经常用得着的，送人家真正想要的，您说对吗？

c. 送礼一定要送得人家喜欢，最好带点感动或者浪漫。送人礼品有三个原则，一是别人喜欢的，二是别人没有的，三是有意义。

接着上面的案例说，当遇到心理铺垫的时候应该这么做：

导：其实姐我知道，您送这个礼物不仅是想完成心愿，更多的是想表达您的孝心。

② 自己。

a. 您家里一定有一套黄金了吧？

b. 您是不是一直戴黄金？您有没有想过您这么贵气的手，戴钻石是什么感觉？姐，给您试戴一下。

（4）讲故事铺垫

讲故事作铺垫，我们销售人员要擅于讲以下故事，借他人案例引导顾客。

故事一：

有一对新人结婚，婆婆喜欢黄金，媳妇喜欢钻石，最后买了黄金。但是回去之后一直没戴，到最后媳妇偷偷回来还是把黄金换成了钻石。

故事二：

有位婆婆要买黄金给媳妇当结婚礼物，整套都选择了黄金，项链媳妇没有怎么戴，因为结婚是一辈子的事情，金戒指就戴了一两回，然后就没戴了，也不怎么高兴。当媳妇不高兴的时候，就会给老公脸色看。结果只有两种，一种是拿黄金来换钻石，第二种是自己后来买了一颗钻石。这样的故事我们作为导购员一定要会讲。

故事三：

买黄金放家里都不戴，崭新的都拿来换。

黄金首饰放在家里面不戴，如此还不如选一个自己喜欢的，佩戴的效果会非常好。在销售的过程当中，把它转换为自己的东西，把它讲出来，讲给顾客听。

（5）反选款式

顾客要买黄金的时候，销售人员就选一款与顾客心理感觉落差比较大的款式，也可以是款式上不适合顾客风格的，也可以是价位上超出顾客心理预算，但是前提是要取得顾客的信任，否则顾客会说你的眼光不好，而不采纳你的意见和建议，那就起不到反选款式铺垫的目的了！

（内容上接案例一）

导：说实话，您妈妈 60 了，您觉得什么东西对您最重要？ 60 岁的人现在最重要就是身体健康，心神安宁。父母的平安幸福健康对您是最重要的，您说是吗？我相信，您一定有很多心愿想表达，带父母去北京玩、去旅游、去吃很多很好吃的东西，但是可能您想表达的不一定是她真正想要的。不管您送什么给她，她都会非常高兴。我在终端珠宝做这么多年，我觉得 60 岁的人最重要的是平安，为什么不考虑送个和田玉或者是翡翠呢，送个保平安的给她呢？

顾：嗯，有道理。

导：黄金很好，但是玉能保平安，既能表达孝心又能保平安，不是更好吗？反正看看对比对比一下又不花钱。

顾：好。

到这里，顾客会不会买不一定，但是机会来了，你至少把顾客想对母亲的感觉说出来了，铺垫好了。刚才赞美也赞美了，好话也说了。如果想素转非给顾客，就一定要慢一点不用急，先把顾客稳住了，她觉得你是站在她的角度帮她思考问题的时候，你就离成功不远了。

●思考：

如果顾客在黄金柜台与钻石柜台间徘徊，甚至从钻石柜台想要回去黄金柜台，你该怎么说？

如果顾客这时候要回黄金柜台去对比的时候，我们的第一反应就是先不让顾客回黄金柜台，因为有的时候顾客第一时间回去了，再想转过来就比较困难了！但是又不能把顾客摁在凳子上不让顾客走吧，所以说就要靠团队配合来协助了。

回答：没关系，您在这边稍等一下，我去给您拿，您在这边先坐一下？

这时候我们一定要记得团队配合，让顾客不要先动，我们可以通过反选款式的方法来进行引导，这个时候我们要选稍微丑一点的黄金款式拿到珠宝区这边，不要拿特别精致的款式，这样会形成强烈的对比，否则销售的成功率会大大降低。

素转非销售训练是以铺垫为前提，前面的铺垫没有做好，后面所讲的一切顾客都不会有太大感觉，因此铺垫显得尤为重要。

话术精选

① 先生/小姐，您先坐一下，您稍等一下，我帮您把刚才看过的款式拿过来，您再对比一下！

② 没关系，您稍坐一下，我同事去给您拿过来！

③ 您觉得是不是还是钻石戒指戴着更显您的手形啊？

④ 您照镜子对比一下，是不是觉得这款K金的戒指比刚才那款黄金的戒指戴着更有感觉？

⑤ 您戴过钻石后是不是觉得您的手形非常不错，之前没有戴钻石戒指那太遗憾了！

⑥ 没戴K金之前总觉得黄金适合自己，戴过了才发现有这么多首饰适合您戴，我早认识您就好了，给您介绍介绍！

⑦ 有的人说，我就是喜欢黄金。您是不是一直戴黄金？您有没有想过您这么贵气的手，带钻石是什么感觉？美女我拿款给您试一下。

第三步：选择时机

指具有时间性的客观条件；特定时间的特殊机会，具有时间限制性。

1. 选择时机出击

（1）当顾客表明来意之后

我今天想给女朋友选个耳钉，1000 ~ 2000 块钱。

我觉得女孩子戴 K 金耳钉是非常时尚的，我带您先了解一下！

（2）当顾客坐稳之后

您请坐，请喝水。您这么年轻漂亮，怎么不选一款钻石吊坠配着戴呢？

（3）当顾客试戴过黄金之后

小姐，黄金的款式您试戴感觉了，我再给您选一套钻石的您试一下，感觉一下。

（4）当与顾客拉近距离之后

和顾客进行情感沟通，看看顾客的喜好，和顾客有没有共同爱好，其实就是聊聊家常。

（5）当顾客犹豫的时候

当顾客犹豫不定的时候，我们的销售人员要果断地帮助顾客做这个决定，这时候可以推荐非素金的产品给顾客。

当顾客觉得黄金款式不是很时尚或者不是很精致的时候，可以推荐非素金的产品给顾客。

在以上五个时机选择做素转非比较合适，所以通过这五个时机的把握，我们总结了一下就是“五当”，通过右边一个谐音的常见词来牢牢记在心里：

武當

●案例思考：

导：您好，欢迎光临，请问您是买翡翠还是钻石？

顾：黄金。

导：钻石挺不错的，要不要看看钻石。

顾：我就要买黄金。

导：挺好的，您看看嘛！要不拿个钻石您看下？

顾：你烦不烦？

很多店铺我们的销售人员做素转非就是这样的，有的时候连我们自己都觉得这样，顾客是不会买我们的珠宝的，但是不管怎么说，就是这么做，这样做会适得其反！

案例解析：

这种情况，若碰到脾气不好的顾客，早就走人了。因为有的时候我们的销售人员认为自己已经会转了，或者说是已经学到精髓了，其实殊不知只是学到了些皮毛而已，如果是这么去做素转非的，那就太快了，太急躁了。没有问清顾客需求，没做销售问话五步法引导，没有赞美铺垫，没有坐下来，没有试戴过黄金后，什么都没有展开，就想把素转非做好，那是有相当大的难度的！

2. 引导方式

引导方式，开始根据第二步来进行铺垫。

3. 出击准备

（1）非常熟悉自己的产品

比如指圈、款式分类、钻石大小、陈列在什么位置、价位，我们心里都要非常清楚。

顾客说买 3000 元的黄金，导购就马上知道 2800 元左右的钻石有哪些，放在什么位置，有什么款式，是多大指圈号。

（2）让顾客感受到我们的专业

① 仪器展示。

仪器展示，包括切工镜、放大镜、4C 牌、测钻仪这些仪器怎么使用。

有一次，一位顾客到安徽一家品牌店，想了解自己所戴手表镶嵌的钻石是不是真的。于是，他指着手上的手表问导购，对话如下。

顾：请问一下，这是不是真钻的？

导：那肯定不是真钻。

顾：但别人说是真钻。

导：不可能，哪有那么多钻石。

顾：能不能检测一下？

测钻笔测到真钻的时候，要发出“滴、滴、滴”的声音。导购拿着测钻笔测手表的时候，测钻笔发出了“滴、滴、滴”的声音。

导：难道测钻笔坏了？

从这个案例的整个流程来看销售人员显得非常不专业。

② 手套、擦钻布。

包括手套怎么戴，擦钻布怎么拿，《珠宝业绩倍增秘籍Ⅰ》会介绍得很详细，以及首饰的保养和护理。

（3）洞察需求

- 年轻人
- 结婚、订婚
- 中年人
- 老年人

- **是卖给年轻人结婚还是订婚；**
- **是中年人、老年人还是年轻人；**
- **年轻人就推 K 金，结婚、订婚推钻石；**
- **中年人推彩宝、钻石、翡翠、K 金都可以；**
- **老年人推翡翠、软玉。**

素转非会不会成功，下列方法将起决定性作用。在店里面，买 10 克左右黄金项链，就是 3800 元左右。3800 元对应的 18K 项链，钻石的戒指、吊坠，彩宝，珍珠，翡翠手镯，吊坠，挂件等，选好一款到两款做焦点并列好话术，一个黄金对应好几个产品，可以列好话术编号。

比如说，只要是年轻人买黄金，导购就快速推荐黄金所对应的 K 金、钻石产品。而不要说，我们去钻石柜看看，我们去彩宝柜看看。就说：“您买 5000 块的黄金，其实您可以买一个非常漂亮的彩宝，我们今天刚到一个新款，非常符合您的气质，我拿出来您试一下。”然后迅速把产品拿出来，可以和你的同伴说：“小丽，把今天早上刚上柜的焦点产品拿出来。”

“今天早上刚上柜的”是说给顾客听的，“焦点产品”是说给同伴听的，告诉她拿彩宝。

素转非，不是说黄金一定要转钻石，根据顾客的年龄、喜好、用途进行分析和揣摩，如果分析恰当，刚好情感沟通不错，选到顾客适合的商品才是我们最开心的。

话术精选

① 用钻石纪念爱情是最好不过了。

② 金钱易取，真爱难求。

③ 现在的女性打扮自己才是明智的选择。

④ 现在的女人要打扮得精致些，不要动不动就戴那么粗的链子，不好看。

⑤ 现在流行精致女人，女人是要靠做工精致的钻石、彩宝来打造的。

⑥ 送什么不重要，重要的是那份心意。

⑦ 男人有几个不希望自己的老婆年轻漂亮、有女人味，您说对吧？

⑧ 没有哪个女人是不喜欢钻石的，虽然嘴巴里说不喜欢，如果您真送一枚钻石戒指给她，估计她开心得嘴巴都快合不拢了呢！

⑨ 其实您可以买一个非常漂亮的彩宝，我们今天刚到一个新款，非常符合您的气质，我拿出来您试一下。

⑩ 您今天能遇到这款钻石真是非常难得的，就像百里挑一一样，非常漂亮非常难得哦。

⑪ 年轻人嘛，我建议选择时尚又高端、大气又上档次的K金或钻石首饰，戴上去效果也会不一样。

⑫ 佩戴黄金会显得非常传统，但是钻石的效果会更好一点，如果您不信我可以拿给您试戴。

第四步：消除心防

心里内部产生用以抵御外力、防护自身的东西。

寻找对应的理由，来消除在素转非过程中顾客的心理防线。

话术精选

① 买不买无所谓，对比一下，感受一下。

② 随便看看，反正试一试又不花钱。

③ 我们是专业卖珠宝的，会用专业的眼光为您挑选最适合的款式。

④ 一般的人，我都不介绍这款，正是因为您的气质非常好所以才推荐给您的。

⑤ 我不是为了卖钻石才推荐给您的，而是真的觉得钻石非常适合您，您戴着好看，那是为我们宣传品牌，如果戴着不好看，那是砸我们牌子，您说对吗？

⑥ 没关系，我就放旁边给您对比对比，我们是站在您的角度挑选，只有适合您的才是最好的。

⑦ 您要真不喜欢钻石或K金，再来选黄金也不迟，对吗？

⑧ 珠宝是这样的，您不对比，多试一下，就不知道原来还有更适合您的，您说对吗？

⑨ 有的时候我们戴首饰就是这样的，没戴习惯的时候感觉不出，等您戴习惯了，就会爱不释手了，您说对吗？

⑩ 习惯就是这样的，有人一直习惯穿朴素的衣服，就连尝试穿时尚个性一点的衣服都不敢，她不知道原来还有很多风格的衣服都是适合自己的。

案例二分析

给女朋友买首饰赔礼道歉。

导：您好，欢迎光临，请问您是想看钻石还是翡翠？

顾：看黄金。

导：是给自己买的还是送人？

顾：你们黄金多少钱一克？

导：385 元一克。先生是送人是吧？

顾：嗯！

导：送女朋友是吧？

顾：是的。

导：先生很浪漫嘛。

顾：浪漫什么呀。

导：给女朋友买的啊！先生，您挺会照顾人的呀，亲自来选。是买来过生日的，还是平时戴的？

顾：惹了，买个首饰哄哄！

导：是买戒指还是项链呢？

顾：看看，手链吧！

导：克数有没有要求？

顾：10 多克吧！

导：（我拿出一条 10 多克的手链，给他看，在我的手上搭了一下感觉不是很好看，我让同事拿了一款 3 色 K 金手链给他看）差不多 4000 多块钱。其实，先生，今天买首饰不重要，关键是让您女朋友开心，您一进门的时候，我就感觉您和其他男士不一样。先生，您很帅气，我相信您女朋友也非常漂亮是吧？

顾：嗯，差不多。

导：女孩子嘛，买个时尚的首饰，多哄哄就好了，买什么不重要，重要的是让您女朋友开心，您说是吧？

顾：嗯。

导：我戴上给您试一下这款 K 金手链，她戴一定好看。

顾：主要我是想选黄金。黄金嘛，谁都知道价钱。但是，K 金又没多少人懂这个。

导：选首饰是要选能戴的！彩金哪个女人不喜欢。您就算选黄金，她不戴又怎么体现出您的情意呢？

顾：她首饰多，基本都不戴。

导：您看，压箱底了对不对，这可是钱哪。买首饰就买漂亮一点的，今天先生您过来了，我不是想要推荐 K 金才推荐给你的，而是真的觉得大家都是年轻人，戴什么好，我们是比较了解的，一般的人我都不给他推荐。对比一下，哪个好就买什么，好不好？

顾：行。

这就是一单典型的消除顾客心理防线的案例，通过这个案例让大家知道，顾客的心理防备感是慢慢被化解和消除的。

第五步：观念引导

观念是人们在实践当中形成的各种认识的集合体。人们会根据自身形成的观念进行各种活动。利用观念系统对事物进行决策、计划、实践、总结等活动，从而不断丰富生活和提高生产实践水平。观念具有主观性、实践性、历史性、发展性等特点。形成正确的观念有利于做正确的事情，提高生活水平和生产质量。

从“我们的”变为“您的”。

现在很多人做素转非的时候，都在说：“我们的翡翠很好，我们的钻石很璀璨。”请问这个和顾客有关系吗？我们要说“您的”。

案例一中，顾客送给妈妈翡翠是想表达心意，让自己母亲身体健康，开开心心，好好享点福。这块翡翠很好，对她而言，焦点不在翡翠的正浓阳匀，而是要表达一份心意。

案例二中，先生买这款手链主要也是要让女朋友开心，消除误解，化解矛盾。对他而言，焦点不在于价钱上，而是漂亮的饰品能哄得女朋友开心。

素转非的时候，不要轻易说“我们的产品，我们的款式，我们的服务”，而是说“您的目的，您想表达什么东西，您想看什么，您的气质，您的品味，您的目的，您的用意，您的感觉”。

观念改变行为，行为改变结果。如果想要提升非素类货品的销售业绩，观念就一定要有所改变。当观念有所改变时，就会有相应行为的改变，整个结果也将有所改变。观念引导指的是当有人提及珠宝品牌时，顾客能快速联想到我们的品牌。

其实广告效应就是一个很好的观念引导的过程，我们举个例子，农夫山泉的广告语——农夫山泉有点甜。它的观念引导做得非常好。农夫山泉做完这个广告之后，瓶子的包装就没有这句广告语了。但是人们一提到有点甜的矿泉水，就会想到农夫山泉。这样的引导效果非常好，如果想要提升我们非素类货品的销售额，我们从现在开始就要转变观念。

如果我们一直在说“我们的”，顾客就会认为那些东西都是我们的，而不是他自己的。有些时候我们的销售人员会说：“这个戒指就像为您量身定做的一样，感觉就像您自己的一样。”这样说的感觉就完全不一样了，我们的观念在开始转变的时候，就会发现在做销售的过程当中，能力在开始提升。

卖什么说什么好！

古语说：王婆卖瓜自卖自夸。很多时候我们在说话术、我们的产品时，就是为了把它们的好处说够。

（1）把好处说够

根据案例一和案例二所表述的情况，导购要把每件货品的好处说够，而不是把产品的好处说过。

案例一中，即使说这件软玉是上等的籽料也没用，而应说：“您看，这块翡翠可以给您妈妈带来平安。俗话说“人养玉养三年，玉养人养一生”，送玉石是送了个保护神给她，就像您随时随地陪伴在她身边。说实话，您工作也很忙，一年到头都见不了几次面，请问妈妈想不想您？您想不想妈妈？所以，送块玉就好像女儿随时在她身边一样的这。”这样给人的感觉是不一样的，这就是把好处说够。

案例二中，我们这样说：“先生，您想送件首饰给女朋友，我知道您是非常爱您女朋友的，只是有时候难免脾气不好，说话直了点。男人嘛！有时候也不太会说软话，买个东西送给女朋友道个歉，是多贴心啊。但是，先生，您是有品位的人，和其他人不一样。所以，当您送 K 金给您女朋友的时候，那个感觉是不一样的。每天您女朋友戴着您送给她的K金手链的时候，别人问，这是谁给买的，她说是您买的，这样的话，她当时会非常开心，其实两个人的感情不就是这样一步步升华的嘛！”

话术精选

① 买珠宝首饰就是为了让自己变得更漂亮，如果戴上去达不到这个预期效果，那又有什么意思呢？

② 现在基本上，每个人家里首饰都有几套了，就像我们的衣服一样，需要在不同的场合配不同的首饰戴，所以说彩宝首饰您也是要有几套的。

③ 钻石象征永恒的爱情，用铂金镶钻代表相爱到白头，也祝愿您二位白头偕老。

④ 结婚对女人来说是一辈子中最幸福的事，人都是讲感情的。只有钻石才是爱情永恒的纪念，您见过有人用黄金去纪念爱情的吗？当我们老了的时候，回忆我们的爱情和婚礼时，想想当时买的是黄金，多不浪漫啊！

⑤ 回忆往事，我们也曾经年轻过、时尚过！

⑥ 女人要有女人味，懂得打扮自己，不要因为男人喜欢黄金而放弃钻石。

⑦ 听说钻石王老五，没听说黄金王老五。

⑧ 选首饰就要选到自己合适的，不试一下怎么知道哪个款式真正适合自己，您说对吗？

素转非经典话术

① 爱你有多深，钻石有几分。

② 要买多少分，起步30分。

③ 多C多美丽，钻多钱多。

④ 钻石多多，代表赚钱多多。

素转非变形话术

春天到了，大家开始穿得慢慢变少了，戴一条钻石项链，多吸引人，多有魅力，多有身份和品位嘛！

夏天到了，大家开始穿得少了，戴一条钻石项链，把你性感的锁骨露出来，多吸引人，多有魅力，多有身份和品位嘛！

秋天到了，大家开始穿得慢慢多了，戴一枚钻石戒指，露在外面，多吸引人，多有魅力，多有身份和品位嘛！

冬天到了，大家开始穿得很多，但是手上的钻石戒指会让你非常出众，让你在瞬间魅力十足！

我们要真正地读懂每一条话术，用这些话术对顾客进行引导。在运用时的气势和意识就会有所不同，最为关键的就是引导顾客。以上都是把好处说够，如果顾客还不听，那我们就要把坏处说透了。

（2）把坏处说透

上接案例一，前一部分的案例内容是把好处说够，下面的案例则是把坏处说透。

导：翡翠除了保平安，妈妈戴着翡翠的时候，邻居问她是谁送的呀？她回答是我姑娘送的，这样感觉多自豪呀！在农村几乎家家户户都戴黄金，别人家小孩送的时候也送黄金。

顾：对。

导：所以说白了，您送 3000 多元黄金，只能买个 7 克多的戒指。戴出去，别人问这是谁送的呀？我女儿送的。邻居这时也拿出她女儿送的黄金镯子炫耀，这样多不好。您送什么，妈妈都开心，只是有时候别人难免说点闲话。你女儿给你买的，你女儿怎么不再多出两千块钱，再买个大点啊！而且黄金戴着还不安全，上次有位农村的老太太，儿女买了对黄金耳环给她，走在大街上，被没良心的人直接从耳朵上拽下来抢走了，耳环被抢了都是小事，人吓坏了可不得了。说实话，咱儿女买东西是为了孝敬老人，但是有时候不注意的话，好事会变成坏事。妈妈看到女儿买的黄金戒指肯定是很开心的，但是碰到这样的情况就不好了。所以妈妈一定会很纠结，相较而言，我觉得应该买个东西保佑您妈妈一身平平安安、多享几年清福，这才是做女儿最佳的孝心。所以想特别给您推荐一下，我们今天刚到的翡翠，您妈妈是属什么的？

顾：属马。

导：男戴观音女戴佛，这样子吧，我拿个佛拿个马，您两样都看看，感觉一下吧？

这就属于把坏处说透，让顾客知道儿女给父母买东西，其实东西本身不重要，重要的是心意和寓意。

同上接案例二内容。

导：先生，您买黄金，把黄金拿回家，回家和女朋友说，亲爱的我错了。女朋友一看是黄金，黄金显俗，女朋友可能会嫌您没点品位。

导：先生，您有见过巩俐戴黄金上电视吗？有见过章子怡戴黄金上电视吗？有见过明星戴黄金上电视吗？都没有。她们都是戴钻石、K 金、彩宝，因为这代表时尚、品位、身份和地位。

导：送黄金只是代表您错了，送个东西讨好她，和请她吃顿饭没有差别。买黄金，女朋友知道价钱，但是买 K 金，多少钱您说了算，女朋友不知道。

导：买黄金显得土一点、俗一点，买钻石显得您有品位，把女朋友当明星一样去照顾。

●思考：

顾客说，她就喜欢黄金，不喜欢K金？

遇到这种回答我们就要采用把坏处说透的话术，让顾客知道，现在年轻为什么不尝试一下新鲜事物呢？非要等到老了之后才后悔和遗憾吗？

导：其实您女朋友一直有黄金首饰，从来没戴过钻石，再过 30 年之后，回首往事，我这辈子，当初连个时尚点的首饰都没戴过，不觉得遗憾吗？现在有很多年轻人喜欢穿些非主流的衣服，其实是整个时代的产物，我们也要进步一下，好歹我曾经也年轻过、时尚过。或是等您儿女长大之后，拿出一枚钻石，给到儿女手上，告诉他们这是妈妈年轻时候曾经戴过的钻石，是家传的。这多有传承的意义啊。

值得注意的是，我们把坏处说透，是指佩戴效果不好，并不是指黄金不好。一定不要说任何产品的不好，因为我们店里面所卖的产品没有不好的。

坏处指的是佩戴的效果不佳、气质的不符等。我们把坏处说透，不是说黄金不好，而是感觉和顾客的身份不够吻合。

① 说说明星的形象展示。有看过章子怡戴黄金吗？……

用明星来让顾客知道，年轻人要懂得引领时尚。

② 对比（同学）。

如果自己能时尚些，父母也会跟着时尚些，反过来，如果父母懂得时尚，孩子自然而然觉得有面子。

③ 找同行的人对比看。

多用赞美让同行的人帮自己说些好话。

④ 举例子证明。

用自己真实的案例去说服顾客。

⑤ 用钻石文化、故事吸引顾客。

用发生在自己身边的故事告诉顾客，我说的是非常有道理的。

⑥ 给顾客描绘一个美妙的场景。

（你的煽情有多深，顾客的感觉就有多好）白头偕老（最浪漫的事）、财富与地位的象征。

我们做很多的事情是为了让顾客有感觉，关键的引导做完之后，顾客在无形中就会顺着你引导的方向思考。

话术精选

① 一天辛劳为谁转？买个首饰谁说算？
辛苦一年只为家，买个首饰又算啥！

② 您知道吗？现在钻石首饰已经被广大消费者所接受了，现在我给您介绍一下，每个价位段都有，您看有没有自己喜欢的款式？

③ 钻石是世界上最昂贵的宝石。它象征的是一种爱情之火生生不息，生命之美绵绵不绝，它给人们留下美好的回忆。不论是男性还是女性购买钻石就是一个梦、一个理想、一份情。

④ 钻石具有神圣的魅力，人们相信佩戴钻石不仅仅能够得到永恒的爱情，而且能够家庭幸福、事业成功。

⑤ 钻石恒久远，一颗永流传，我们老了的时候，钻石可以作为传家之宝传给下一代。

⑥ 女士戴钻石代表永恒的爱情，男士戴钻石代表多赚钱！

⑦ 买首饰是一时的事，幸福是一辈子的事，为什么不让一时的事为一辈子都图个吉利呢？

⑧ 我讲得好，不如您戴得好，您戴得好，不如您心情好，买首饰就是图个心意买得开心就好！

⑨ 花一般的价格，戴出一倍的感觉，您何乐而不为呢？

第六步：疑难解答

疑惑难解的道理或问题。

●思考：

农村顾客为什么喜欢黄金？

经常我们的顾客都会说，我朋友是戴黄金的，我父母让我买黄金。这些都是受到他人的影响，我们要给予正确的引导。

回答：

顾：我身边人都是戴黄金的！

导：姐，现在还什么农不农村，农村和城里没有什么区别啦，现在很多人反而喜欢农家乐的那种生活。

顾：我是农村的，我们那的人就喜欢黄金。

导：姐，难道我们农村就比城里人差吗？现在城乡一体化，咱农村的和城里的也一个样。咱有钱了，也要打扮打扮自己。如果天天都是看着别人怎么活着，没有自己的理念，不是让别人牵着咱的鼻子走啦！

姐，您觉得您朋友比较时尚呢？还是您比较时尚呢？我看您的气质，您的谈话举止，我觉得肯定是姐您比较时尚对吧？（这就是在作引导，她还没有回答第一个问题的时候，我就要给她进行一个引导。）

我们是要卖钻石而不是黄金，那我们就要把黄金的坏处说透。

不管是佩戴首饰还是穿衣打扮，都要考虑首饰的质地和自己的肤色、年龄是否匹配。从佩戴效果上看，钻石比黄金更适合中国人的皮肤色彩。中国人的黄皮肤，配上 K 白金或者铂金镶钻的首饰，会显得更时尚；配上钻石或玉质的首饰，会显得皮肤更加白皙；如果我们佩戴的是黄金饰品，因为同属一个色系的深浅不同的搭配，会使皮肤看起来黯淡无光泽。我们年轻人戴钻石或者翡翠会显得更加有气质，更有内涵；老年人佩戴黄金，可以显得稳重，所以等我们老了再选择黄金吧。

为什么我们要作引导呢？在生活中我们如果习惯了一种交通工具，就拿摩托车来说，大家都骑摩托车那还有什么意思啊？如果这时候您开辆小轿车回家，您说那是什么心情和感觉啊？其实买首饰和生活是一个道理的，所以我们要走在别人前面，而不是被别人牵着鼻子走！

●思考：

钻石不保值，黄金保值！

有的顾客就说："黄金保值呀，当我没有钱的时候我可以拿出来换，你家钻石可以吗？"

回答：

导：姐，您真会开玩笑。像您这种气质，这辈子一定是衣食无忧。说句实话，咱现在这个日子，需要靠卖黄金来过日子吗？现在社会这么好的环境，像您这样的，日子一定会越过越好。

导：您说的我非常认同，珠宝首饰最大的优点就在于它不仅能佩戴，给人们一种装饰美，同时它还具有一定的储值性，不像食品，吃了就没有了，首饰那可是永久不衰的啊！

导：其实您要真了解珠宝的话就知道，现在钻石的产量越来越稀少，钻石是属于不可再生资源，接近半个世纪没有发现新的钻石矿床了，钻石是卖一颗少一颗。

导：姐，您买珠宝，最重要的是为了佩戴，而不是为了保值，您说对吗？虽然买了黄金可以保值，但戴不出效果，那就有点本末倒置了。

导：您看过黄金跌价，您看过钻石跌价吗？

导：您在咱们家买钻石坏了免费修，脏了免费洗，款式不喜欢了还能免费换，你要是买了戒指可以来换项链、耳钉、手链，花一样钱把什么东西都戴过了，多好。（视品牌而定）

导：黄金收折旧费，钻石不收折旧费。（视品牌而定）

●思考：

黄金能换钻石，钻石不能换黄金。

这个问题在很多地方都是换不了的，只能是把黄金按照当日金价作价后在按照当日的折扣来购买我们的珠宝产品。

回答：

您说的没错，这是由几个原因构成的。

第一，钻石进入中国的时间不久，而黄金在中国有上千年的历史，因此很多机构的回收业务只开展黄金业务，像综合性的钻石业务还没有来得及开展（以后肯定会有的，只是时间的问题）。

第二，是由于钻石专业性比较高，很多机构对钻石不是非常了解，因此做钻石回收业务是需要勇气的，很多机构也不敢冒然地收回钻石，这也不能说钻石不好，相反，真正了解珠宝的人都知道，钻石是“宝石之王”，是自然界中最昂贵的宝石。现在很多地方钻石也可以收回了。比如在北京、上海、广东深圳、江苏常州、湖南长沙等很多城市已经出现了钻石回购业务，不但是回购，而且是加价回购。所以，在这方面您不用太担心。其实先生，您买钻石最重要的不是为了卖出去，而是为了佩戴美观，您说对吗？

经典案例：

在杭州有位客户是加盟中国黄金的，开店已经是第七个年头了。在第五年的时候，他做了一个广告，内容主要是：之前店内所有销售出去的翡翠和钻石，全部都能回收，而且标价在一万元以上的还能加价 5% 回收。但广告打出去之后，三个月之内只回来了一个人。为什么没有人卖吗？而且是加价都没有人卖！因为五年前所买的钻石和翡翠价格已经是涨了很多倍了。其中钻石在这两年基本上涨了五倍左右，翡翠在这两年来基本上是涨了二十倍。

以后的价格会越来越高，我们在销售钻石 K 金的货品的时候，一定要把自己身上的首饰转换成白色的首饰。你自己身上戴着黄金，你还能说服顾客去看钻石？顾客心里面会怎么想？你会发现自己佩戴白色戒指的时候，会很自然就把手拿起来作示范。

高档货不换低档货。您有见过用宝马车换拖拉机吗？

黄金代表货币，钻石代表爱情，先生，货币能兑换，爱情能不能换呢？

其实买首饰不是用来换的，您如果是为了换，我建议您买黄金，而且您可以买很多金条放家里，想怎么换都可以，但如果您的目的是买首饰，为了装饰自己，那就一定要买钻石。

不要太纠结这个问题，赶紧转移话题。如果有顾客一定要买黄金，那就让他买黄金。素转非不仅仅是转钻石，还要转 K 金、翡翠与彩宝等产品。

话术精选

① 姐，您觉得您朋友时尚还是您比较时尚呢？看您的气质我觉得肯定是您更时尚，对吧？

② 姐，现在是城乡一体化，乡镇都朝着城市化发展，您看现在咱们镇上很多地方都建设的不是和市里差不多，您说对吗？

③ 就像您说的，您身边的人都戴黄金，您也戴黄金，那就没啥意义了，就比如，咱们镇上大家都骑摩托车，这时候，您也买辆摩托车，那有啥意思呢。假如大家都骑摩托车，而您买部小轿车，您知道那是啥感觉吧。

④ 咱要跟人家不一样，穿衣服和戴首饰，那不是同一个道理吗？大家都穿一样的衣服，再好看的衣服都不美了。您说对吗？

⑤ 您再看看，现在乡镇上的人越来越时尚了，有的比城里人还讲究呢！其实您有没有发现，大家戴黄金很多年后，慢慢地有一部分人已经开始在戴钻石了，这可以理解，就如同一件衣服穿了三年，再漂亮也要换。

⑥ 现在乡镇上的人啊，是越来越时尚，穿衣打扮都跟着潮流走，稍微在城里走动得多一点的人，都选择买钻石或者K金。

⑦ 像您这种人一看就是引领潮流的人啦，咱不能让别人牵着自己的鼻子走，要走在前面，您说对吗？

⑧ 再说了，钻石不容易变形，又耐脏。黄金容易变形，戴着干活也不方便。所以啊，我的专业建议呢，您还是买钻石。

⑨ 姐，您真会开玩笑。像您这种气质，这辈子一定是衣食无忧。说句实话，咱现在这个日子，需要靠卖黄金来过日子吗？现在社会这么好的环境，像您这样的，日子一定会越过越好。

⑩ 您说的我非常认同，珠宝首饰最大的优点就在于它不仅能佩戴，给人们一种装饰美，同时它还具有一定的储值性，不像食品，吃了就没有了，首饰那可是永久不衰的啊！

⑪ 其实您要真了解珠宝的话就知道，现在钻石的产量越来越稀少，钻石是属于不可再生资源，接近半个世纪没有发现新的钻石矿床了，钻石是卖一颗少一颗。

⑫ 姐，您买珠宝，最重要的是为了佩戴，而不是为了保值，您说对吗？虽然买了黄金可以保值，但戴不出效果，那就有点本末倒置了。

⑬ 您看过黄金跌价，您看过钻石跌价吗？

⑭ 您在咱们家买钻石坏了免费修，脏了免费洗，款式不喜欢了还能免费换，你要是买了戒指可以来换项链、耳钉、手链，花一样钱把什么东西都戴过了，多好。（视品牌而定）

⑮ 黄金收折旧费，钻石不收折旧费。（视品牌而定）

⑯ 其实先生/姐，您买钻石最重要的不是为了卖出去，而是为了佩戴和美观，您说对吗？

⑰ 高档货不换低档货。您有见过用宝马车换拖拉机吗？

⑱ 黄金代表货币，钻石代表爱情，先生，货币能兑换，爱情能不能换哦？（诙谐一点）

⑲ 其实买首饰最终是用来佩戴的，不是用来换的，您如果目的是为了换，我建议您买黄金，而且您可以买很多金条放家里，想怎么换都可以，但如果您的目的是买首饰，为了装饰自己，那就一定要买钻石。

第四章

素转非的注意点与心态

一、素金转非素的注意点

① 不要强硬推销，要懂得迂回前进。

② 重点从年轻人着手推销，老年推荐翡翠 。

③ 选择款式的价位要比黄金低一点点。

④ 首要的是先稳住顾客，不要太急躁。

⑤ 重点进行情感沟通。

二、 素金转非素的心态

① 无论顾客素金买什么，一定要做素转非。

探听需求、赞美铺垫等等，一定要进行情感沟通，告诉他为什么要购买非素产品。

② 无论是否成功 ，做到胜不骄、败不馁。

相信自己成功就在下一单。

③ 目标很简单，10 组顾客成功 1 单。

其实素转非就是销售五步法引申，额外加上非素类介绍，以及足够的情感沟通，将情感线做到极致。适当根据顾客的需求和目的，推出非素类产品。做素转非的时候一定不要强买强卖，而是很自然的。

三、非素销售倍增话术汇总

话术精选

第一部分 引导话术

① 您好，欢迎光临，请问您是想看钻石还是彩金？

② 小姐既然来就多对比一下，多看一下。

③ 买首饰就要试戴体验过了才知道适不适合自己，来，我来帮您试一下！

④ 钻石是女人最好的朋友，戴钻石就像带着您最好朋友一起出门。

⑤ 把女人打扮得更漂亮，才能更有女人味嘛。

⑥ 我觉得看您的品味、气质都不错，您的女朋友应该也很有气质吧。咱们戴首饰也不能比朋友戴的差吧，您可以比较一下，买不买没有关系。

⑦ 哎呀，美女您这个气质，皮肤底子这么好啊，这款手链正好和您的皮肤相配。

⑧ 您先试试看？ 反正试试又不要钱嘛！

⑨ 买不买无所谓，对比一下，感受一下。

⑩ 现在钻石已经非常受大家认可，不仅仅是钻石，彩宝同样非常受欢迎，您可以试戴一下，好不好，只有戴过了才知道。

⑪ 戴钻石，既能打扮自己又能引领时尚。

第二部分 试探需求

1. 您买黄金是送人的还是自己戴呢?

送人的:

① 什么年龄?

② 什么喜好?

③ 体貌特征?

④ 从事职业和身份?

⑤ 想表达什么情感?

自己戴:

① 什么风格?

② 佩戴场合?

2. 您为什么要考虑买黄金呢?

3. 想找个什么价位的呢?

① 有多少预算，大概想找什么价位的呢?

② 对克重有没有要求和心理预算?

第三部分 铺垫式

(1)赞美之送人

① 送人。

您真是非常有心，有您这样的朋友，真是有福气，我们看着都羡慕!

② 自己。

您真懂得生活，女人就是要对自己好一点，懂得疼自己。钻石是女人最好的朋友,女人就是要把自己打扮得漂漂亮亮,让自己有女人味一点。

③ 其他。

同样对于年轻、时尚、有气质、手、皮肤、穿衣打扮等都可以进行赞美。

A：送人（男的单独来）。

a. 先生，您真有心，真懂得浪漫，您爱人知道了一定很感动！

b. 先生，是准备给她一个惊喜对吗？您挺浪漫的，真让人羡慕。

（铺垫时一要非常有情调、浪漫，二要有惊喜的感觉）。

B：送人（男女一起来）。

a. 先生，您对您爱人真好，亲自陪她挑礼物，我们看着都羡慕。

b. 先生，您真有心，她一定会被您的真心所感动的。

c. 您两位的感情真好，我们看着都觉得很甜蜜。

（2）赞美之试戴

① 手指圆润。

a. 小姐，您的手很圆润，很有福气。

b. 小姐，您的手这么圆润，真是有福气，先生，这样的手是旺夫、招财的喔！

② 手指修长。

a. 您的手指真修长，我好久都没有见过这么美的手形了。

b. 小姐，您的手真好看，真是纤纤玉手啊！这么漂亮的手不戴颗美钻，那真是浪费。

（3）心理铺垫

① 送人。

a. 您朋友家里头有黄金吧！

b. 送礼可讲究了，一定要送人家没有的，送人家经常用得着的，送人家真正想要的，您说对吗？

c. 送礼一定要送得人家喜欢，最好带点感动或者浪漫。送人礼品有三个原则，一是别人喜欢的，二是别人没有的，三是有意义。

② 自己。

a. 您家里一定有一套黄金了吧？

b. 您是不是一直戴黄金？您有没有想过您这么贵气的手，戴钻石是什么感觉？姐，给您试戴一下。

（4）反选款式

a. 先生 / 小姐，您先坐一下，您稍等一下，我帮您把刚才看过的款式拿过来，您再对比一下！

b. 没关系，您稍坐一下，我同事去给您拿过来！

c. 您觉得是不是还是钻石戒指戴着更显您的手形啊？

d. 您照镜子对比一下，是不是觉得这款 K 金的戒指比刚才那款黄金的戒指戴着更有感觉？

e. 您戴过钻石后是不是觉得您的手形非常不错，之前没有戴钻石戒指那太遗憾了！

f. 没戴 K 金之前总觉得黄金适合自己，戴过了才发现有这么多首饰适合您戴，我早认识您就好了，给您介绍介绍！

g. 有的人说，我就是喜欢黄金。您是不是一直戴黄金？您有没有想过您这么贵气的手，带钻石是什么感觉？美女我拿款给您试一下。

第四部分 选择时机出击

① 用钻石纪念爱情是最好不过了。

② 金钱易取，真爱难求。

③ 现在的女性打扮自己才是明智的选择。

④ 现在的女人要打扮得精致些，不要动不动就戴那么粗的链子，不好看。

⑤ 现在流行精致女人，女人是要靠做工精致的钻石、彩宝来打造的。

⑥ 送什么不重要，重要的是那份心意。

⑦ 男人有几个不希望自己的老婆年轻漂亮、有女人味，您说对吧？

⑧ 没有哪个女人是不喜欢钻石的，虽然嘴巴里说不喜欢，如果您真送一枚钻石戒指给她，估计她开心得嘴巴都快合不拢了呢！

⑨ 其实您可以买一个非常漂亮的彩宝，我们今天刚到一个新款，非常符合您的气质，我拿出来您试一下。

⑩ 您今天能遇到这款钻石真是非常难得的，就像百里挑一一样，非常漂亮非常难得哦。

⑪ 年轻人嘛，我建议选择时尚又高端、大气又上档次的K金或钻石首饰，戴上去效果也会不一样。

⑫ 佩戴黄金会显得非常传统，但是钻石的效果会更好一点，如果您不信我可以拿给您试戴。

第五部分 消除心理防线

① 买珠宝首饰就是为了让自己变得更漂亮，如果戴上去达不到这个预期效果，那又有什么意思呢？

② 现在基本上，每个人家里首饰都有几套了，就像我们的衣服一样，需要在不同的场合配不同的首饰戴，所以说彩宝首饰您也是要有几套的。

③ 钻石象征永恒的爱情，用铂金镶钻代表相爱到白头，也祝愿您二位白头偕老。

④ 结婚对女人来说是一辈子中最幸福的事，人都是讲感情的。只有钻石才是爱情永恒的纪念，您见过有人用黄金去纪念爱情的吗？当我们老了的时候，回忆我们的爱情和婚礼时，想想当时买的是黄金，多不浪漫啊！

⑤ 回忆往事，我们也曾经年轻过、时尚过！

⑥ 女人要有女人味，懂得打扮自己，不要因为男人喜欢黄金而放弃钻石。

⑦ 听说钻石王老五，没听说黄金王老五。

⑧ 选首饰就要选到自己合适的，不试一下怎么知道哪个款式真正适合自己，您说对吗？

第六部分 观念引导

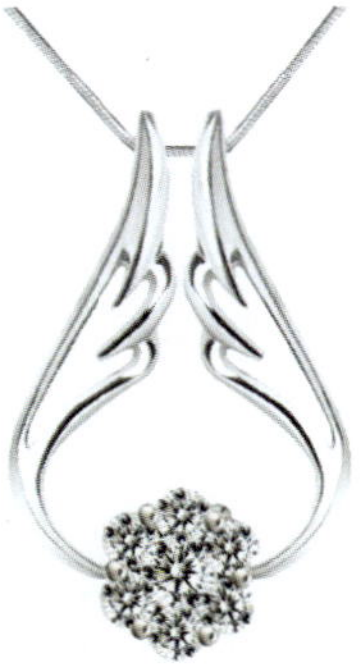

① 一天辛劳为谁转？买个首饰谁说算？

辛苦一年只为家，买个首饰又算啥！

② 您知道吗？现在钻石首饰已经被广大消费者所接受了，现在我给您介绍一下，每个价位段都有，您看有没有自己喜欢的款式？

③ 钻石是世界上最昂贵的宝石。它象征的是一种爱情之火生生不息，生命之美绵绵不绝，它给人们留下美好的回忆。不论是男性还是女性购买钻石就是一个梦、一个理想、一份情。

④ 钻石具有神圣的魅力，人们相信佩戴钻石不仅仅能够得到永恒的爱情，而且能够家庭幸福、事业成功。

⑤ 钻石恒久远，一颗永流传，我们老了的时候，钻石可以作为传家之宝传给下一代。

⑥ 女士戴钻石代表永恒的爱情，男士戴钻石代表多赚钱！

⑦ 买首饰是一时的事，幸福是一辈子的事，为什么不让一时的事为一辈子都图个吉利呢？

⑧ 我讲得好，不如您戴得好，您戴得好，不如您心情好，买首饰就是图个心意买得开心就好！

⑨ 花一般的价格，戴出一倍的感觉，您何乐而不为呢？

第七部分 顾客常见疑难解答

① 姐，您觉得您朋友时尚还是您比较时尚呢？看您的气质我觉得肯定是您更时尚，对吧？

② 姐，现在是城乡一体化，乡镇都朝着城市化发展，您看现在咱们镇上很多地方都建设的不是和市里差不多，您说对吗？

③ 就像您说的，您身边的人都戴黄金，您也戴黄金，那就没啥意义了，就比如，咱们镇上大家都骑摩托车，这时候，您也买辆摩托车，那有啥意思呢。假如大家都骑摩托车，而您买部小轿车，您知道那是啥感觉吧。

④ 咱要跟人家不一样，穿衣服和戴首饰，那不是同一个道理吗？大家都穿一样的衣服，再好看的衣服都不美了。您说对吗？

⑤ 您再看看，现在乡镇上的人越来越时尚了，有的比城里人还讲究呢！其实您有没有发现，大家戴黄金很多年后，慢慢地有一部分人已经开始在戴钻石了，这可以理解，就如同一件衣服穿了三年，再漂亮也要换。

⑥ 现在乡镇上的人啊，是越来越时尚，穿衣打扮都跟着潮流走，稍微在城里走动得多一点的人，都选择买钻石或者K金。

⑦ 像您这种人一看就是引领潮流的人啦，咱不能让别人牵着自己的鼻子走，要走在前面，您说对吗？

⑧ 再说了，钻石不容易变形，又耐脏。黄金容易变形，戴着干活也不方便。所以啊，我的专业建议呢，您还是买钻石。

⑨ 姐，您真会开玩笑。像您这种气质，这辈子一定是衣食无忧。说句实话，咱现在这个日子，需要靠卖黄金来过日子吗？现在社会这么好的环境，像您这样的，日子一定会越过越好。

⑩ 您说的我非常认同，珠宝首饰最大的优点就在于它不仅能佩戴，给人们一种装饰美，同时它还具有一定的储值性，不像食品，吃了就没有了，首饰那可是永久不衰的啊！

⑪ 其实您要真了解珠宝的话就知道，现在钻石的产量越来越稀少，钻石是属于不可再生资源，接近半个世纪没有发现新的钻石矿床了，钻石是卖一颗少一颗。

⑫ 姐，您买珠宝，最重要的是为了佩戴，而不是为了保值，您说对吗？虽然买了黄金可以保值，但戴不出效果，那就有点本末倒置了。

⑬ 您看过黄金跌价，您看过钻石跌价吗？

⑭ 您在咱们家买钻石坏了免费修，脏了免费洗，款式不喜欢了还能免费换，你要是买了戒指可以来换项链、耳钉、手链，花一样钱把什么东西都戴过了，多好。（视品牌而定）

⑮ 黄金收折旧费，钻石不收折旧费。（视品牌而定）

⑯ 其实先生/姐，您买钻石最重要的不是为了卖出去，而是为了佩戴和美观，您说对吗？

⑰ 高档货不换低档货。您有见过用宝马车换拖拉机吗？

⑱ 黄金代表货币，钻石代表爱情，先生，货币能兑换，爱情能不能换哦？（诙谐一点）

⑲ 其实买首饰最终是用来佩戴的，不是用来换的，您如果目的是为了换，我建议您买黄金，而且您可以买很多金条放家里，想怎么换都可以，但如果您的目的是买首饰，为了装饰自己，那就一定要买钻石。

实战管理书籍

附录

1.《中国珠宝导购员实战销售训练》

丁龙桃教练讲了 5 天的精彩销售技能课程，共 7 张光盘，两本书，它是一套汇集丁龙桃分析总结的上万个案例，并结合高级心理销售技能而成的终端珠宝销售技能训练教程。

2.《精英店长是干出来的》

由中国珠宝玉石首饰行业协会孙凤民秘书长，中国地质大学（武汉）珠宝学院杨明星院长，亲笔写序推荐的店长实战书籍。

珠宝业第一本店长行动手册，它见证店长成长，创造业绩奇迹！店长每天 27 项自检细节，每周、每月必检事项，规范店长每日、每周、每月的工作细则，提高店长的效率，明确店长的目标与思路，让店长工作得更省心省力！

3.《店铺业绩突破行动手册》

继《精英店长是干出来的》后，这是专门针对店铺员工使用的一套行动手册，它也是珠宝行业第一套最简单、最实用、最有效的店铺使用手册。

它是由三本行动手册组成，《用心关注顾客》主要是有效管理店铺客流量状况的手册，清晰反映店铺客流与销售状况，帮助店长有效地管理店铺顾客与员工，提升顾客成交率，提升店铺销售业绩。

《留住顾客的心》主要是针对店铺重点意向顾客管理与追踪的手册，有效地抓住重点顾客，提升顾客的回头率、成交率与大单销售，大幅提升店铺销售业绩。

《用心成就梦想》主要是规范店铺日常管理的手册，真实反映店铺情况，提高管理效率，规避店铺问题，改善店铺氛围及员工关系。

既然是行动手册，肯定是需要终端员工们能把这套书籍的方法落实到行动中，坚持下去，不断学习，分析总结，才能真正有效！

4.《素转非销售技能》、《钻石应该这样卖》

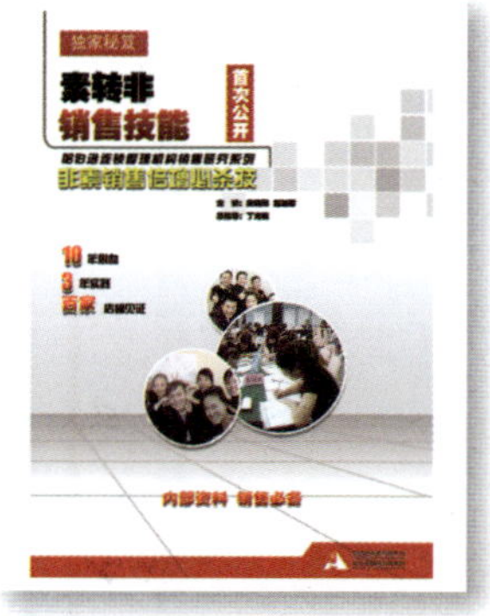

书中蕴含素转非技能、超导技能、经典话术、实战案例、特色训练等内容，倾力打造专业非素货品销售高手，大幅提升非素类销售业绩。

《素转非销售技能》又名《非素销售倍增必杀技》，而素转非是一种思维与概念，要多练习才有效。

专业销售顾问，不是顾客想买什么，而是我们帮助顾客挑选到适合自己的商品。

5.《超导成长手册》、《骨干精英成长手册》

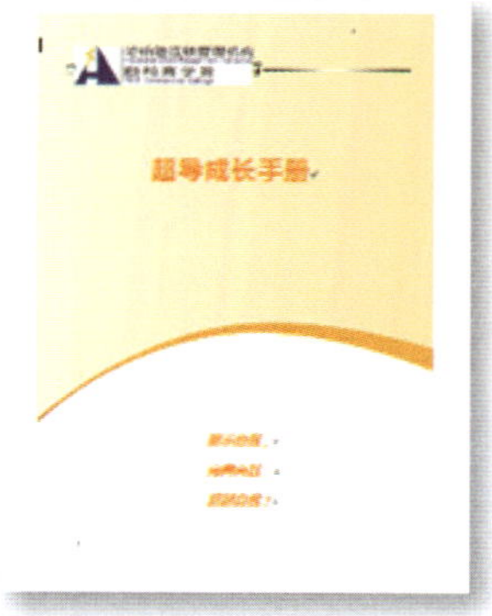

书中介绍了新员工一个月内成为超级导购的秘籍，每天的工作事项和学习内容一目了然，让您见证成长足迹。

6.《未来属于谁》

此书凝聚了丁龙桃教练十多年从业经验与教学心血，涵盖珠宝零售企业生存发展之现状及解决方案，通过讲述哈伯逊连锁管理机构的企业简介、战略方向、企业文化、核心精神与思想智慧，旨在推动企业的革新与蜕变，开启哈伯逊发展的新阶段。

7.《正能量·国学篇》

作为哈伯逊的文化读本，本书涵盖了儒家经典《大学》、《中庸》、《弟子规》、《三字经》以及道家经典《道德经》，接受中华民族传统文化的熏陶，从经典中汲取精华和获得智慧，学会做人做事，才能更好地履行哈伯逊“宣扬人文思想，倡导人文关怀”的使命。中华文化综罗百代，广博精微，它中蕴藏着中国五千年历史中的智慧精髓，它不仅是中国悠久传统文化的明证，也是每一个中国人的立身处世之本，更是我们不可或缺的精神力量。

8.《顾客服务本》

有效管理分析店铺货品接触率，保证货品安全，合理配置货品，从而提高货品周转率，并分析顾客情况，提升顾问成交率。

9.《梦想践行日志》

谨以此手册，献给奋斗在梦想道路上的伙伴！